映画『翔んで埼玉 ～琵琶湖より愛をこめて～』

公式ガイドブック

映画「翔んで埼玉」製作委員会

魔夜峰央

宝島社

映画『翔んで埼玉 ～琵琶湖より愛をこめて～』公式ガイドブック

Contents

映画『翔んで埼玉 ～琵琶湖より愛をこめて～』徹底ガイド

映画『翔んで埼玉』シリーズを 100倍楽しむための基本ガイド

映画

『翔んで埼玉
～琵琶湖より愛をこめて～』

徹底ガイド

このままじゃ、
埼玉はもっとバラバラに……
【壇ノ浦百美】
二階堂ふみ
翔んで埼玉
～琵琶湖より愛をこめて～
11.23
ROADSHOW
tondesaitama.com

差別のない国づくり。
それこそが日本埼玉化計画だ。
【麻実麗】
GACKT
翔んで埼玉
～琵琶湖より愛をこめて～
11.23
ROADSHOW
tondesaitama.com

2019 年に公開された、魔夜峰央原作の映画『翔んで埼玉』。
埼玉県人をディスりまくったこの映画は、
埼玉県を中心に、全国でまさかの大ヒット。
第 43 回日本アカデミー賞では最多 12 部門で優秀賞に輝いた。
そして今度は関西をも巻き込み、またもや容赦ないディスりを決行！
なぜ麻実麗は関西に行くことになったのか、
そこで出会った「滋賀のオスカル」こと桔梗魁との関係とは――!?
期待高まる続編を、とことん深堀りします！

映画『翔んで埼玉 〜琵琶湖より愛をこめて〜』
2023 年 11 月 23 日　全国ロードショー

いよいよ、大阪が天下を
とる日がやって来ますわ……。
【嘉祥寺 晃】
片岡愛之助
翔んで埼玉
〜琵琶湖より愛をこめて〜
11.23
ROADSHOW
tondesaitama.com

滋賀を救うため、
パリに渡り革命を学んで帰ってきた。
【桔梗 魁】
杏
翔んで埼玉
〜琵琶湖より愛をこめて〜
11.23
ROADSHOW
tondesaitama.com

STORY

埼玉解放戦線のアジト

埼玉解放戦線の活躍によって、通行手形制度は撤廃され、蔑まれていた埼玉には平穏な日常が訪れていた。しかし壇ノ浦百美は、埼玉内で横のつながりがないことを憂いていた。そこで麻実麗は、埼玉が一丸となるための新路線の開通計画と、彼らの心をひとつにするための新たな考えを告げる。

「埼玉に海を作る」

いざ和歌山へ

麗たち埼玉解放戦線は、未開の地・和歌山県の“白浜”を目指して航海の旅に出る。船員たちが激しい船酔いに悩まされるなか、船内の無線から「た……す……けて……」という謎の美しい声が聞こえる。そこへ嵐がやってきて、船は波に飲み込まれる。

「まずい……。嵐だ！」

白浜海水浴場

「いったいどこから？」

「埼玉から来た」

「さいたま……？」


浜辺で倒れていた麗は、男に介抱されて目を覚ます。男は、滋賀解放戦線の桔梗魁と名乗る。さらに和歌山県の白浜は大阪人らによって占拠され、和歌山解放戦線のリーダーである姫君も囚われ、幽閉されていると聞かされる。

アポロンタワー

「滋賀作の分際で道頓堀にダイブしたやと!?」

桔梗の説明によると、ビーチの向こうに立つ巨大なタワービル＝アポロンタワーで、大阪人らを楽しませるための魅惑の"県人ショー"が日夜開催されているという。そのアポロンタワーでVIP席に座り、人々を罰しているのは、大阪府知事の嘉祥寺晃だった。

とび太との遭遇

アポロンタワーの前で、嘉祥寺たちに見つかってしまった桔梗と麗。慌てて逃げ出したふたりは、滋賀県へと走って向かう。獣道で人影を見つけた麗は「誰かいるぞ！」と桔梗の手を引くが、それは人ではなく人型の看板"とびだしとび太"だった。

現代パート

さいたま市職員の内田智治とその妻・直子、娘で身重の若月依希は、智治の運転で「熊谷あおぞら競技場」へと向かっていた。今日は県知事肝いりの綱引き大会が行われる予定だ。カーラジオのNACK５では、「埼玉にまつわる都市伝説・第二章」が始まっていた。「埼玉解放戦線の活躍によって、埼玉には平穏な日常が訪れていました。だが、しかし――」

「だ埼玉の連中ごときが、何が出来るんやろか」

嘉祥寺家

信男やおかよらが、手を縛られた状態で嘉祥寺家のリビングへと連れてこられる。リビングには神戸市長と京都市長の姿もあった。嘉祥寺は信男らに麗の行き先を尋ねるが、神戸市長に「こんな田舎もんら、はよ、ほかしてき」と言われ、信男たちは再び連れ出される。

「差別のない国づくり。それこそが日本埼玉化計画だ」

滋賀解放戦線のアジト

古びた掘っ立て小屋に逃げ込んだ桔梗と麗。そこは滋賀解放戦線のアジトだった。麗が埼玉に帰ってしまうことを心配する桔梗だったが、「ここに残って、仲間とともに白浜の砂を持ち帰る」と言われ、ひそかに喜ぶ。

「遅いぞ、麗！何で連絡くれないんだよ!?」

白鵬堂学院

和歌山に旅立ったまま連絡のない麗を心配する百美。そこへ、野球部の生徒が入ってくる。百美は３日後に甲子園大会に出場する予定の生徒に、麗の行方を尋ねてくるようお願いをする。

大阪甲子園球場

仲間たちと嘉祥寺がいる甲子園へと向かった桔梗と麗。しかしそこで、麗は待ち伏せしていた嘉祥寺と大阪部隊に捕まってしまう。桔梗の企みだったと知り、驚く麗。何か事情がありそうな様子で、桔梗は麗を見送る。

「ご苦労やったな。桔梗くん」

「どういうことだ？」

麗は甲子園の地下の一室で、千葉解放戦線のサザエとアワビに手を縛られ、口にたこ焼きを押し込められる。次第に抵抗できなくなり、目も虚ろとなる麗。朦朧とするなか、麗は怪しげな地下施設へと連れていかれる。

「なんで……

なんで……やねん！」

「お前騙したんやな……」

「じゃかましいわ！　このゲジゲジが！」

通天閣前

サザエとアワビを伴って通天閣前にいる嘉祥寺のもとに、桔梗が同志と和歌山の姫君の解放を求めに行く。麗を引き渡したのは嘉祥寺との事前交渉があったからだったが、嘉祥寺はそれをあっさり反故にし、桔梗を蹴りつけて去っていく。

大阪甲子園球場・地下施設

地下施設に運ばれた麗は、信男たちの看病により目を覚ます。信男たちは麗に、自分たちがおとりになっている間にここから出て不当労働させられている者たちを助けてくれと託す。麗は信男たちに「必ず迎えに来る」と誓い、大阪部隊を倒しながら逃げ出す。

「大阪人らのこの不当な行いを許すことはできひん！」

「あれは建前。本音はこれです」

小料理屋

京都の祇園へとたどり着いた麗。京都部隊が麗を探すなか、ひとりの舞妓が麗に近づき、裏口へと連れていく。舞妓は、自分は滋賀解放戦線の者だと告げる。そこへ桔梗が現れ、これまでの事情と、滋賀県人が京都でも長年苦しめられてきたことを麗に告白する。

「まずい……。このままでは日本全土が大阪になってしまう」

琵琶湖

琵琶湖の見えるほとりにたたずむ桔梗と麗。麗が「琵琶湖周航の歌」をハミングするのを聞き、桔梗は「埼玉県人の麗が、なぜこの歌を？」と尋ねる。滋賀解放戦線のアジトに飾られている女性の写真を見た麗の頭に、幼いころの記憶がよみがえる……。

「いよいよ、オカンの悲願、大阪が天下をとる日がやって来ますわ……」

嘉祥寺家・祭壇

嘉祥寺の記憶のなかによみがえる、体を揺らしながら踊る“粉の民”と、水晶玉の前で怨念を込めながら祈りをささげる母親の元大阪府知事の様子。水晶玉が光を強く放ち、粉の民が「コナ、コナ、コナ、コナ……」と唱えるなか、突然、元大阪府知事がバタンと倒れる。

「同じ琵琶湖の水で生きているのに……」

滋賀解放戦線のアジト

嘉祥寺による壮大な計画を阻止するための策を巡らす麗。そこへ、美湖が近江のお茶とサラダパンを運んでくる。美湖は、もともと大阪人は人情深い人たちだったが、嘉祥寺晃のせいで変わってしまったと麗に告げる。

滋賀解放戦線のアジト

滋賀解放戦線の部下から、淀川の水辺で、白い粉を生み出す“粉の実”が栽培されているという報告を受けた桔梗。しかし現地は関西最強の者たちが警備しているため近づくことができない。麗は解放戦線員を集めると、嘉祥寺の計画を防ぎ、同志たちを救い出し、大阪の悪事を暴くある方法を告げる。麗の提案にざわつく面々に、桔梗は「胸を張れ」と喝を入れ、一同を鼓舞する。いざ、決戦のときが近づく――。

「琵琶湖の水を止め、敵を迎え撃つ」

現代パート

綱引き大会は、県知事の意図に反して大宮と浦和が勝ち進んでいた。直子のほか、応援に集まった妻たちは、綱引きどころではなくラジオの伝説に夢中になっている。綱引きを前ににらみ合う大宮勢と浦和勢。神に祈る埼玉県知事。そこで、智治はある秘策を思いつく――。

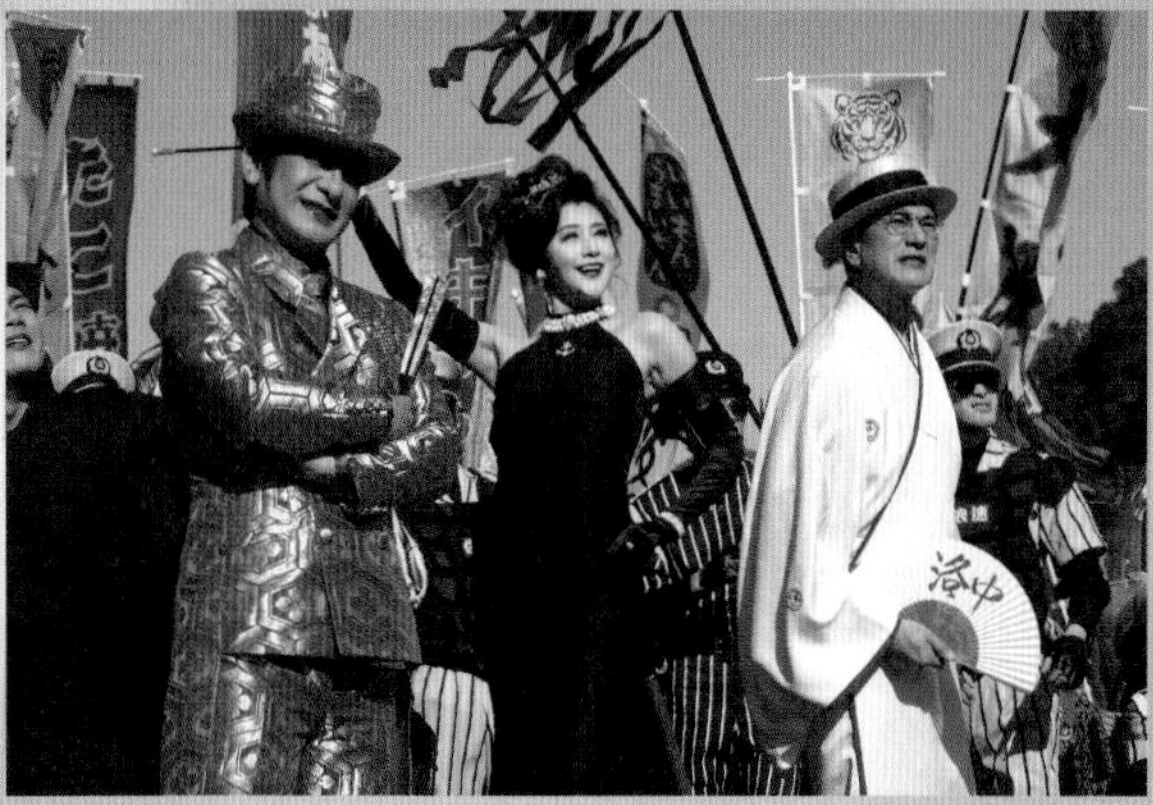

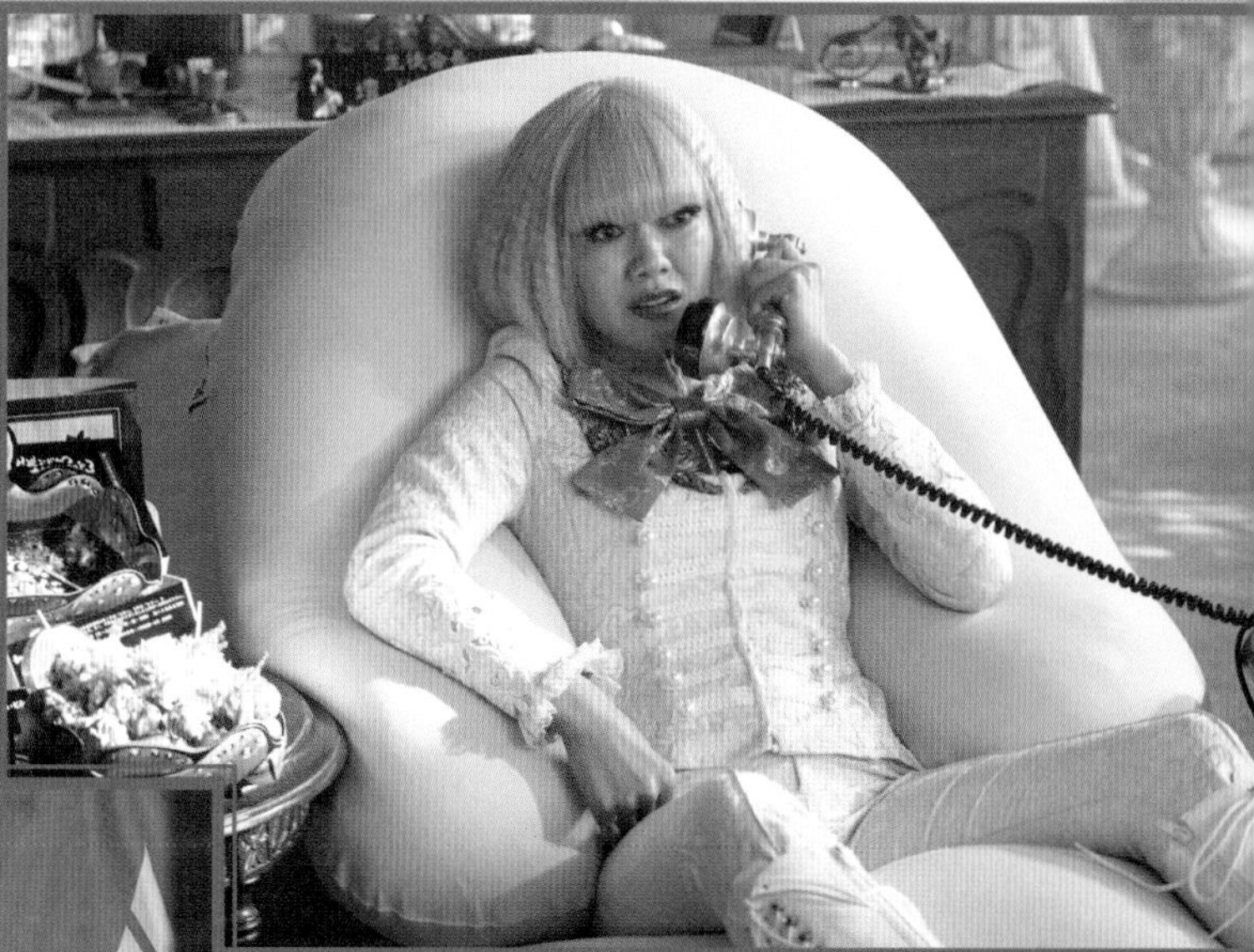

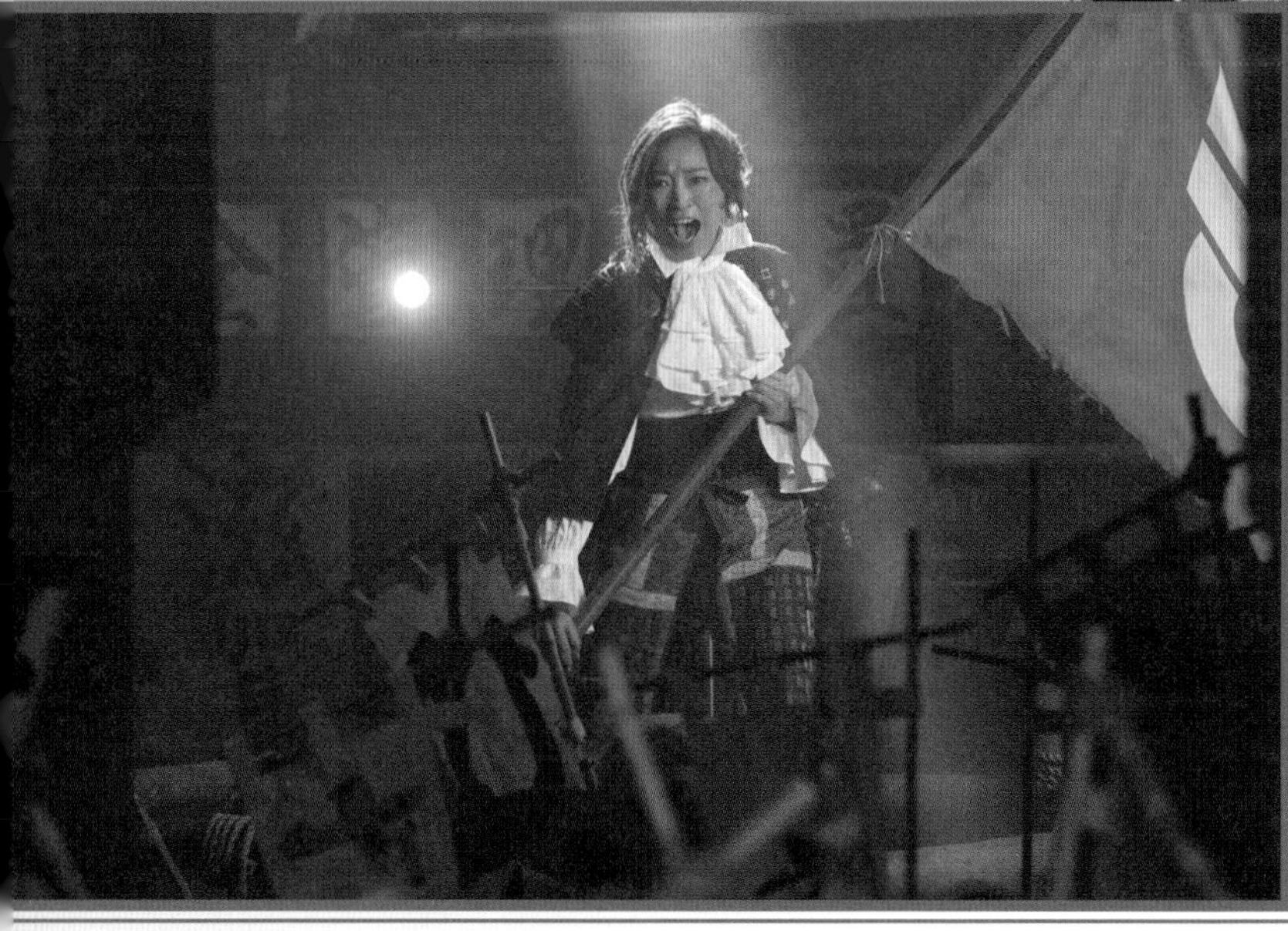

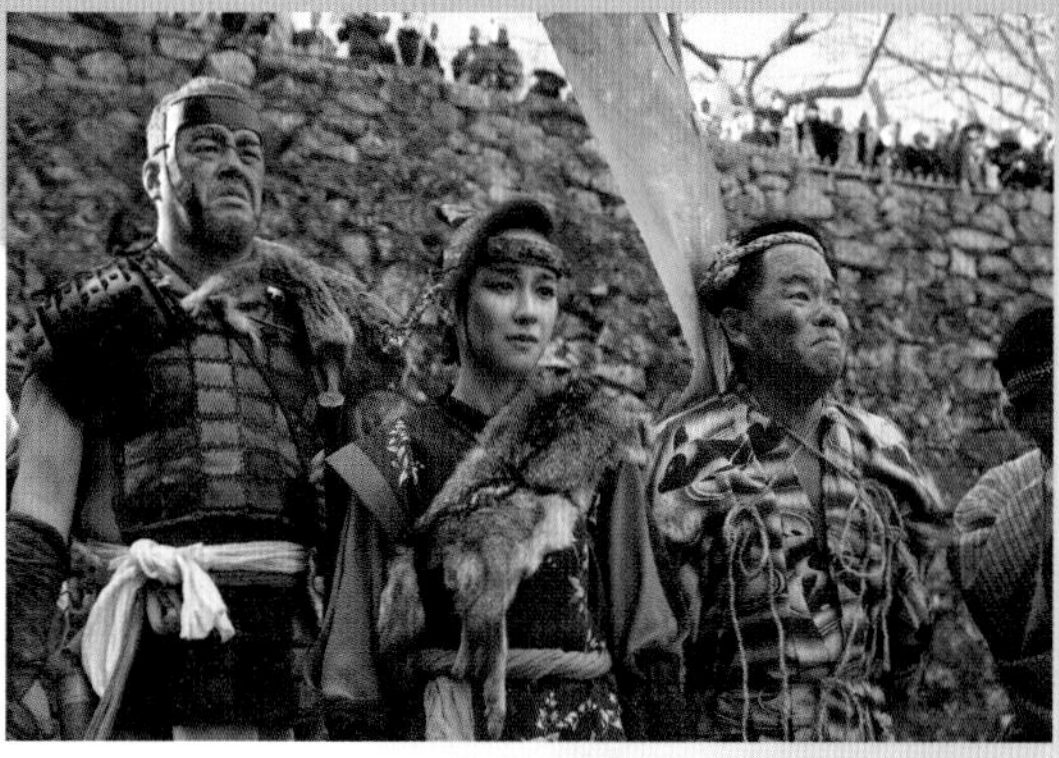

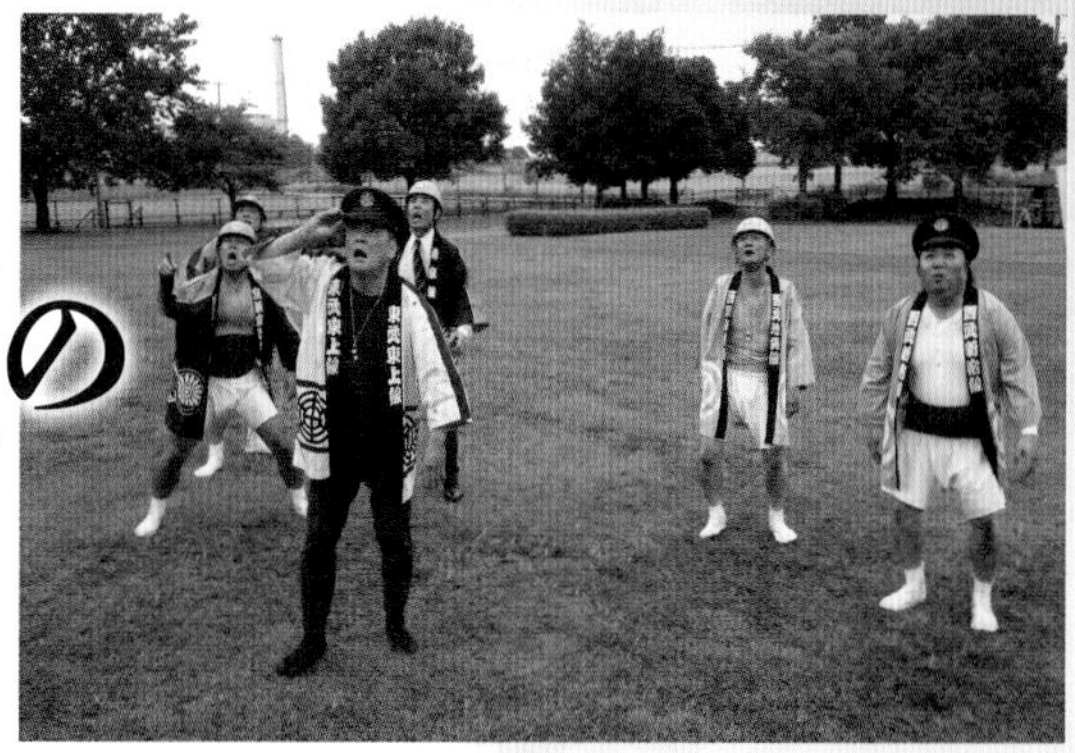

滋賀の、そして埼玉の運命は……!?

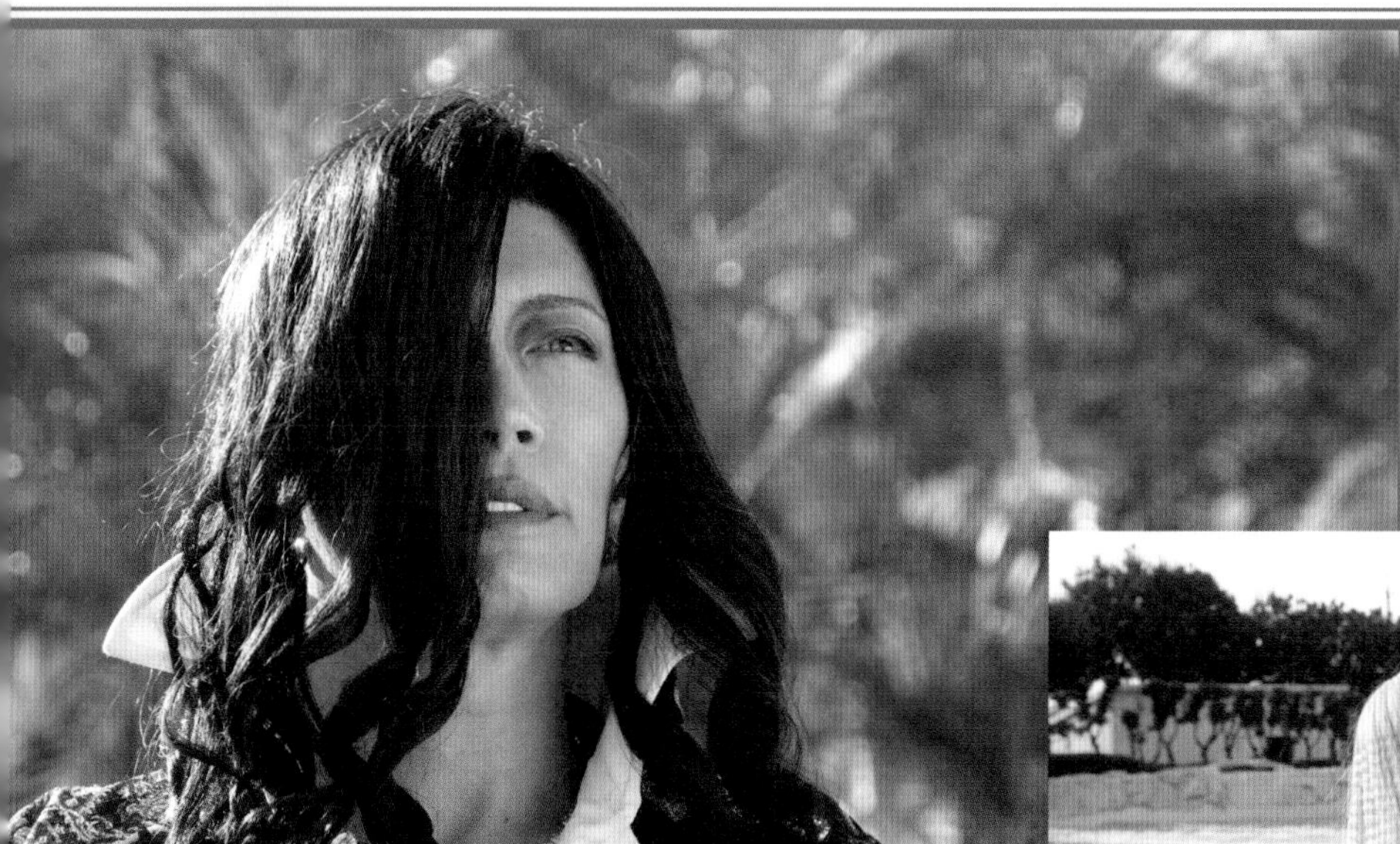

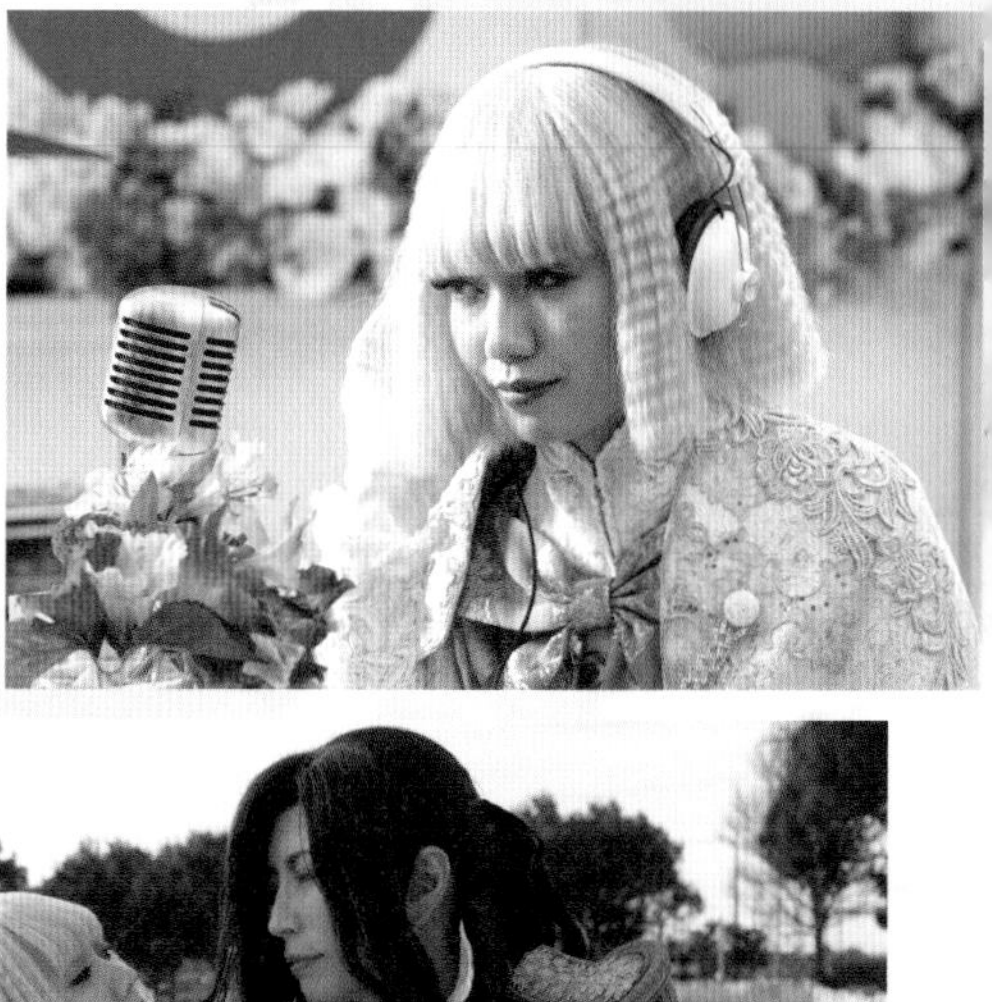

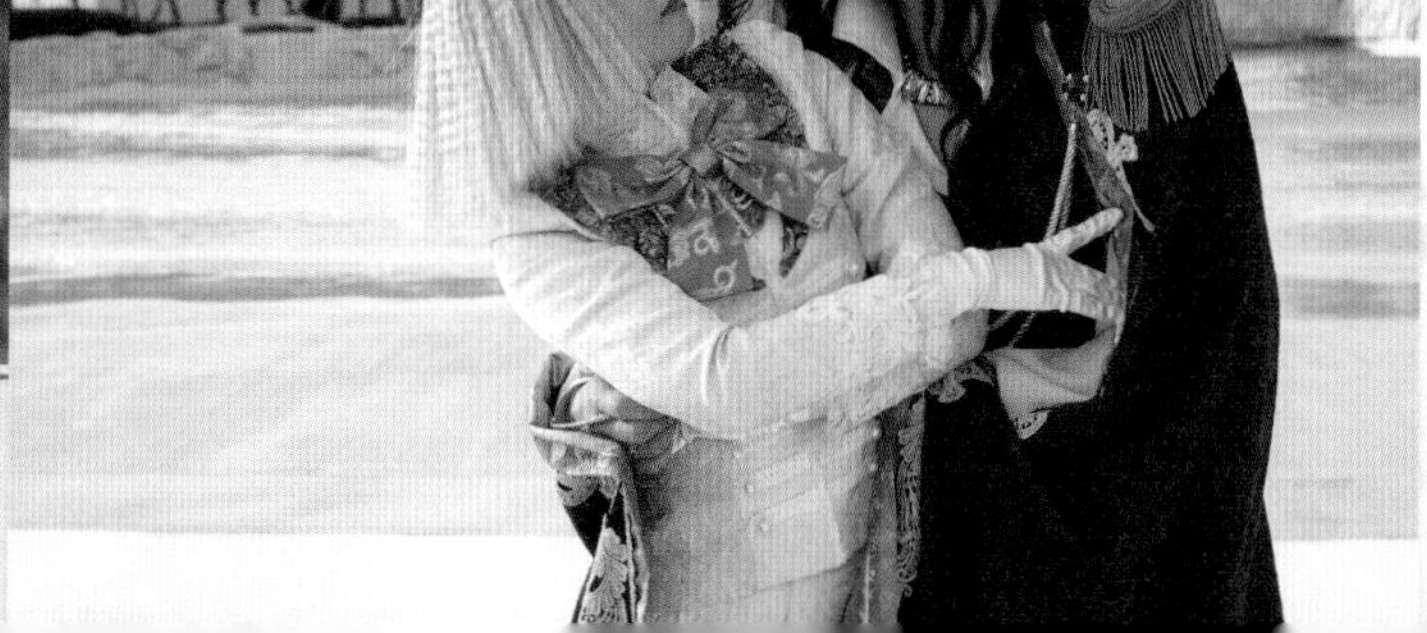

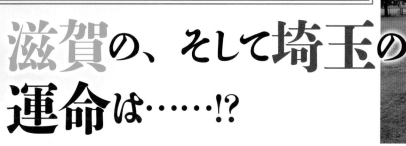

CHARACTER

麻実《あさみ》麗《れい》
GACKT

埼玉解放戦線のリーダー。父親は伝説の戦士、埼玉デューク。埼玉県で一、二を争う大地主・西園寺家の子息。埼玉らしさを払拭するためのアメリカ留学を終えて帰国し、東京の白鵬堂学院３年Ａ組に転入し、百美と出会う。学問・スポーツともに秀でている才色兼備。東京への通行手形を撤廃することに成功したが、引き続き差別のない平和な国を目指す「日本埼玉化計画」の実現に向けて戦っている。埼玉解放戦線のメンバーに横のつながりをもたらすために、埼玉の越谷に海を作る計画に着手する。

壇《だん》ノ《の》浦《うら》百《もも》美《み》
二階堂ふみ

東京屈指の名門校・白鵬堂学院の２年生で、生徒会長を務める。東京都知事の息子で、勉強もスポーツもトップ。「埼玉県人にはそこらへんの草でも食わせておけ！」と言い放つ傲岸不遜な少年だったが、転校生の麗にプライドをズタズタに打ち砕かれる。そして麗の優しい言葉とキスの虜になり、埼玉解放のためにともに戦った。現在は心を入れ替え、埼玉解放戦線の一員となり、麗のサポート的ポジションで天性の指導力を発揮している。麗が冒険で不在の間、埼玉に残り、路線族に武蔵野線開通を説得する役目を任される。

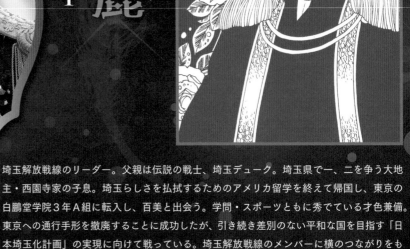

大阪府知事
嘉《か》祥《しょう》寺《じ》晃《あきら》
片岡愛之助

桔《き》梗《きょう》魁《かい》
杏

大阪府知事。母親の遺志を受け継ぎ、「世界中を大阪にする」という危険な野心を持つ男。占拠した白浜に建てたアポロンタワーで、和歌山・滋賀・奈良の県人ショーを催し、高笑いをしている。東京を伐った麻実麗の関西潜入の報を受け、捕獲のために全部隊を動員する。2025年の大阪・関西万博に向けたある計画のために大阪甲子園の地下で、謎の“白い粉”を製造している。口癖は「甲子園に放り込んだるわ！」。

滋賀解放戦線のリーダー。通称“滋賀のオスカル”。大阪に迫害されている滋賀を救うために、パリに渡り革命を学んで帰ってきた。通行手形の撤廃、嘉祥寺の地下施設で強制労働させられている滋賀県人の解放が目下の解決課題。大阪人に占拠された和歌山の白浜に建つアポロンタワーに幽閉されている“和歌山の姫君”を救出するために白浜に潜入したところ、海岸に倒れている麗を発見。その瞬間から、本能的に強く惹かれ合う。

京都市長
川崎麻世

神戸市長
藤原紀香

大阪府知事、神戸市長とつるむ京都市長。プライドが高く、語尾に含みを持たせたねっとりとした話し方がイヤらしい。京都人のなかにも優劣をつけており、扇子の「洛中」の文字は、洛中の者以外を京都人として認めない証。もちろん東京も認めない。神戸市長と秘密の関係を続けている。

嘉祥寺の妻。芦屋の超高級住宅街・六麓荘の大邸宅で、嘉祥寺と暮らしている。おしゃれと海外の文化が大好きで、ファッションのお手本はオードリー・ヘプバーン。嗅覚がやたら鋭く、物言いがやんちゃ。心の底で、大阪人をバカにしている。横浜が気に食わない。

女将
山村紅葉

京都・祇園の、京都人御用達の小料理屋を取り仕切る女将。京都流のおもてなしで大繁盛しているが、発言のすべてが建前で、心のなかでは、宇治や山科など洛外の人間を差別している。

元大阪府知事
モモコ（ハイヒール）

嘉祥寺の母。アニマル・モチーフが大好きなザ・大阪のオカン。大阪が天下をとることが悲願だったが、都構想に失敗。

滋賀解放戦線

近江美湖《おうみみこ》
堀田真由

晴樹の妹。変装が得意。父親が京都人に精神を崩壊させられた悲しみを原動力に、差別のない平和な世界の実現を目指す熱き戦士。ゲジゲジ眉毛がチャームポイント。

近江晴樹《おうみはるき》
くっきー!（野性爆弾）

解放戦線のメンバー。美湖の兄。甲賀生まれの、忍びの末裔。体力を武器に、桔梗の手足として遠方まで駆け回る。ワイルドな外見と、優しいハートのギャップが魅力。

滋賀のジャンヌダルク
高橋メアリージュン

初代滋賀解放戦線のリーダー。桔梗の母親。滋賀の平和を願いながら戦い、志半ばで病死した。

和歌山解放戦線

解放戦線員
天童よしみ

大阪から強制されている和歌山県人への通行手形の撤廃に向けて、桔梗とともに戦っている。

和歌山の姫君
トミコ・クレア

白浜が白く輝いているのは、彼女の祈りの力によるもの。現在はアポロンタワーに幽閉されており、その姿を見ることができるのは、月に一度の満月の夜に、白浜に祈りをささげるときだけである。

路線族

埼玉を横につなぐ武蔵野線開通計画のために資金提供を依頼されたが、「武蔵野線を作るぐらいなら東京ネズミーランドへの直通列車を作りたい」と、ストライキを決行。百美が話をまとめようとするが、自社の路線に入っている東京の駅の数や場所で小競り合いをしている。

東武東上線
デビット伊東

JR京浜東北線
ゴルゴ松本
（TIM）

西武新宿線
杉山裕之
（我が家）

西武池袋線
矢田部俊
（我が家）

東武伊勢崎線
はなわ

JR埼京線
山中崇史

埼玉解放戦線

下《しも》川《かわ》信《のぶ》男《お》
加藤諒

白鵬堂学院３年Ｚ組生徒。埼玉県人を迫害から助けてくれた麗を「麗様」と崇拝している。偵察、情報収集が得意。

おかよ
益若つばさ

ひとり息子を育てるシングルマザー。麗の身の回りの世話をする家政婦。白浜を目指す麗の冒険にも同行する。

千葉解放戦線

浜《はま》野《の》サザエ
小沢真珠

浜《はま》野《の》アワビ
中原翔子

古参メンバー。熟女ならではの狡猾なプレイで敵を幻惑する。

現代パート

内《うち》田《だ》直《なお》子《こ》
和久井映見

内田家の母。祖父母が滋賀出身。ラジオから流れる都市伝説を聞き、滋賀への郷土愛に火がつけられる。

内《うち》田《だ》智《とも》治《はる》
アキラ 100％

内田家の父。さいたま市市役所勤務。熊谷で開催される綱引き大会を成功させることで、課長昇進を目指している。

埼玉県知事
村田雄浩

地元・熊谷で開催される綱引き大会で、大宮と浦和に優劣が生じ、“さいたま市”が再び崩壊することを恐れている。

若《わか》月《つき》依《い》希《の》
朝日奈央

内田家のひとり娘。臨月。出産予定の男児の名前を沖縄好きの夫・健太と相談している。

文（P14-17）／須永貴子

Talk

麻実麗 役

GACKT

×

壇ノ浦百美 役

二階堂ふみ

×

桔梗魁 役

杏

三角関係、勃発!? 豪華キャストが語る『埼玉』撮影秘話!

『翔んで埼玉』の麗&百美の関係に、滋賀のオスカル=桔梗魁が参戦!?　撮影の裏話や続編への期待など、GACKTさん、二階堂ふみさん、杏さんにたっぷり伺いました。

取材・文／熊谷真由子　撮影／三橋優美子
ヘアメイク／【GACKT】タナベコウタ、【二階堂】足立真利子、【杏】高橋里帆（HappyStar）
スタイリスト／【GACKT】Rockey、【二階堂】髙山エリ、【杏】中井綾子（crêpe〉）
衣装協力／【GACKT】HARAJUKU VILLAGE　【二階堂】ジャケット ¥33,000、パンツ ¥16,500／共にカイコー、ピアス ¥16,500(参考価格)／ポーンショップ ロンドン(ノウ ショールーム)

「パート3をやらなきゃダメだって気持ちになりました」
（二階堂）

「ボクは今回で完結させることだけを考えています」
（GACKT）

「イタリアで評判がよかったらしいので、もしかすると……？」
（杏）

――それぞれのキャラクターの印象について教えてください。

GACKT　ボクは1作目からずっと麗のイメージは『パタリロ！』のバンコランが基軸でキャラ作りが明確だったんですけど、桔梗は原作にないので杏ちゃんは大変だったんじゃないですか。

二階堂　麗と桔梗のおふたりのシーンは、魔夜先生の原作の続きのような感覚でした。私は杏さんとは現場ではお会いできなかったので、桔梗がどんな雰囲気になっているのか気になっていたんですが、もうぴったりで、オスカルみたい！　かっこいい！　と興奮しながらおふたりの耽美な世界観に見とれていました。

杏　私は今回からの出演ですが、1作目のときから、この世界観をここまで体現できるふたりはいないというくらいの完成度だったのが、2作目では大阪の力を借りてさらにパワーアップしていて感動しました。そういえばお聞きしたかったことがあるんですが、みんなが大阪弁になるシーンで、GACKTさん、すごいことになっていたじゃないですか。

二階堂　私も、そこはあえて聞かないほうがいいのかなって思っていたんです！(笑)

GACKT　あのシーンは最初にリハーサルしたとき、どういうふうに表現したらいいかわからなくて。イメージは竹内力さんでいいですかと武内（英樹）監督にお聞きして。

二階堂　あのシーンで窒息しそうなくらい笑ったんですよ。

杏　あのシーンだけ、特殊メイクとか、何かしらの加工をしているのかと思うくらい顔の形が変わっていましたよね⁉(笑)

GACKT　大阪で捕まった人たちがたこ焼き――白い粉の影響でみんな大阪弁になるんですけど、誰もまともな大阪弁がしゃべれない。そもそも大阪人になるのではなく、みんながそれぞれに思う大阪人のイメージが外に出てくるってことなんじゃないですか？　と話したんですよ。

杏　なるほど！　関西の人が聞いたらちょっとモヤッとするような。

二階堂　あの白い粉によって、みんなの潜在意識にある大阪弁が引き出されてるってことですよね。

GACKT　そう。あれは、ボクのなかでは第二形態ぐらいの大阪弁のイメージでした。

杏　声も変えたのかなと思うくらいでした。

二階堂　あんなに美しい人がこんなことになってしまうのか！　と。白い粉、恐ろしいなという気持ちになるシーンでした。そういえば、私も関西人というと、お笑い芸人のやすきよ（横山やすし・西川きよし）さんのやすしさんのイメージがずっとあったから、（劇中で）爪ようじを吐き出したりしたのは、そういうことだったんだといま思いました。

――お互い演じていて、刺激や影響を受けた点は？

二階堂　GACKTさんのマントさばきが、本当に美しいんですよ。それに影響されて、私もお願いしてマントを作っていただいたんですけど、自分がやるとうまくいかなくて。どうしてあんなに美しくマントをさばけるんですか？

GACKT　あれはね、バンド時代、ずっとマントを着ていたからですよ。

二階堂・杏　あ～！

GACKT　1作目でマントを着たときに、（マントの内側に）指を引っかける部分を作らないとうまくさばけないから作ってほしいと衣裳さんにお願いして。

二階堂　それ、私のマントにも反映してほしかったです(笑)。

GACKT　マントをさばく瞬間だけ指をパッと入れてサッと。

杏
あん
1986年4月14日生まれ。東京都出身。2001年にモデルデビューし、2005年から海外のプレタポルテコレクションで活躍。2007年、ドラマ「天国と地獄」で女優デビュー。近年ではドラマ「競争の番人」、映画『キングダム 運命の炎』『私たちの声』など、出演作多数。ナレーターや国連WFP親善大使など、多彩な分野で活躍中。

GACKT
ガクト
1973年7月4日生まれ。沖縄県出身。バンド活動を経て、1999年にソロ活動を開始。CDシングル48枚とアルバム19枚をリリースし、男性ソロアーティストシングルTOP10獲得数は歴代1位を保持している。ミュージシャンという枠にとらわれることなく、俳優や声優の分野でも多数の出演作を誇る。

二階堂ふみ
にかいどう・ふみ
1994年9月21日生まれ。沖縄県出身。2009年、『ガマの油』で映画デビュー。映画『私の男』『リバーズ・エッジ』、ドラマ「エール」、「プロミス・シンデレラ」など、出演作多数。この夏話題となったドラマ「VIVANT」への出演でも注目を浴びる。

二階堂　でも、指を入れるのも素早かったですよね。

GACKT　バンド時代に培ったものです。6年間やってきたので。

杏　時を経て、こんなに役に立つとは（笑）。

GACKT　ボクは杏ちゃんの走る姿の美しさに刺激を受けましたよ。桔梗の走るイメージにもっと合わせるべきだと思い、もう1回やらせてほしいとお願いしたり。あと杏ちゃんに聞きたいのが、解放戦線の戦士たちを鼓舞するシーン。

二階堂　ありましたね～。

GACKT　1作目の埼玉のときは、意味のわからないセリフなのにみんなが入り込んで、涙を流しながら「うおおおー！」って盛り上がって。カットがかかったあと、なんで自分はこんなに泣いてるんだろうともすごい違和感だったので（笑）。滋賀県人を鼓舞するシーンではどう感じていたのかなと。

杏　あのシーンでは、滋賀の方と奈良の方が本当に泣いてたんですよ（笑）。同じ現象です。

GACKT　やはり現場がバグってますね……。

杏　「風が吹けば止まる湖西線！」みたいなセリフなのにどうしてって

いうぐらいの感動に包まれて。思わず湖西線を調べてしまいました。

GACKT　言っていることはめちゃくちゃなのに、みんなも泣いているし、杏ちゃんもうるうるしている。やっぱりこの映画はおかしいですよ。

二階堂　でもそれって、おふたりの芝居力があってこそですよね。言っていることはバカバカしいけど、おふたりに内なる何かを鼓舞する力強さと説得力があるから、きっとみんな涙していたんだと思います。

杏　集団催眠みたいな、トランス状態だったのかも(笑)。撮影が夜遅かったんですよ。

二階堂　それはちょっとバグっていた可能性ありますね(笑)。

GACKT　ボクは杏ちゃんの鼓舞を震えながら聞いていて、途中で鼻水が垂れてきたんだけど止められなくて、杏ちゃんが前に出て鼓舞しているときに、スッと後ろに下がってスーッと鼻水を拭いて、また戻って。

杏　そんなことがあったんですね。

二階堂　拭いていただいてよかったです。麗様から鼻水は出ませんから。

GACKT　あははは(笑)。ふみちゃんとは前作に続いての共演ですが、今回も刺激を受けました。ふみちゃんは、カットを割りたくなる演技をまぶしていくのがすごくて。たとえば違うほうを向いてセリフをひと言だけ言って、それでまた向きを戻すとか。現場ではなぜそういう演技をするのかわからなかったんだけど、完成作を観たとき、すべて考えられたうえでの演技だったことに気づいて、感動して。監督やカメラマンからは「好きなように演技してくれたら、僕たちがきちんと撮るから」と言われることが多いんだけど、ふみちゃんは撮らせるんです。撮りたくなる絵にするんですよ。

二階堂　褒められてる……。うれしいです！　私はさっきも言いましたが、自分が出ていないシーンが多かったので、杏さんが大群を率いて、「行くでー！」と言うシーンとか、ふたりとも〝美しいのにおもしろい〟が、ちゃんと両立できるのが本当にすごいことだなと思っていて。これはもうパート3をやらなきゃダメだって気持ちになりました。

GACKT　ボクは今回で完結させることだけを考えています……。

二階堂　二度あることは三度ある。

杏　そういえば武内監督は、イタリアですごく評判がよかったとおっしゃってました。

二階堂　そうなんですか。

杏　何か通ずるものがあるのかも。関西って明るくて、イタリアっぽい雰囲気もあるし。

GACKT　ヴェルサーチェもドルチェ&ガッバーナも、大阪の売り上げはとてもいいらしくて。

二階堂　やっぱり！(笑)

杏　小さな国同士で争いがあったのはヨーロッパも同じだから、もしかしてパート3は本当に……。

二階堂　海外に行っちゃいますか？

GACKT　国際問題に発展するので、やめましょう。

原作者・魔夜峰央先生も入っての豪華4ショット！

「2作目がヒットしなかったら、ただのリスクです」

Interview

GACKT

**麻実麗がさらにパワーアップして帰ってきた！
前作に続いて麻実麗を演じたGACKTさんに、
『翔んで埼玉』シリーズの魅力をじっくり伺いました。**

取材・文／熊谷真由子　撮影／三橋優美子
ヘアメイク／タナベコウタ　スタイリスト／Rockey
衣装協力／HARAJUKU VILLAGE

――第2弾が製作されると聞かれたときは率直にいかがでしたか？

「またやるのか、いい加減にしろよと。さすがに高校生の設定はもう厳しい」

――そういえば麻実麗は高校生だったことを思い出しました（笑）。

「よく考えてみるとこの作品、演じている人も30代が多いので、むちゃくちゃですよ」

――1作目公開後、大きな反響がありましたよね。

「まさかここまでヒットするとは誰も思っていなかったので、製作に関わっている方たちの反応のほうがおかしかったんですよ。それがこんな、日本アカデミー賞を汚す――」

――いえいえ、そんなことはないです（笑）。でも製作側としても意外な大ヒットだったんですね。

「意外というか、異常？」

――（笑）。公開後の口コミでの広がりもすごかったと思います。

「国がどんどん暗い方向に行っているから、何も考えずに楽しめる作品をみんな求めているんじゃないでしょうか。最近の世の中は、うちに籠る娯楽が増えているじゃないですか。でも外に足を運んで、みんなで楽しさを共有したいと思っている人もいると。楽しいと思ったときに、同じように楽しいと思っている人が横にいて、同じタイミングで一緒に笑えることって幸せですよ。本能的で普遍的なことでもある。いま、時代がどんどん個に向かっているじゃないですか。配信は便利ですが、だいたいひとりで観ますよね。家族でも、同じ画面を共有することがなくなっている。そんな世の中が当たり前に育っている人たちでさえ――いや、当たり前に育っている人たちならなおさら、映画館で一緒に笑う行為はすごく新鮮だと思うんです。本来、ボクもそういうのを求めているし、だからライブもなくならない。いまはどんなライブもストリーミングで観られますが、会場に足を運んだ人じゃないとわからない感動がある。便利なツールを通して作品を観ることと、実際に足を運んで、チケットを買って、席に座って、作品を共有・共感し、感動の連鎖を感じながら観ることでは感動の振れ幅が違います。それがエンタメの根源ですよ」

――とくに『翔んで埼玉』は出身地のあるあるネタで、観た人同士でも連帯を感じられる内容でしたよね。

「連帯感は普遍的なものですよ。1作目は埼玉の方たちがあるあるにう

SAITAMA

GACKT

「埼玉の方たちがあるあるにうなずき、自分たちが住んでいる場所を誇りに感じてくれた」

なずき、くだらないことに笑いながら、自分たちが住んでいる場所を誇りに感じてくれたので作品が楽しくなったんでしょうし、連帯感が生まれた。そこには地域への深い愛と誇りが存在しているんですよ。そして埼玉だけではなく、別の地域に住む方が自分たちと置き換えて、同じような感覚で楽しむことができたんじゃないのかと思います」

――音楽と映画での表現の違いは感じていますか？

「映画はスクリーンから与えられる情報に対して全員が反応するけれど、音楽のステージはアーティストとオーディエンスの双方向のキャッチボールが存在するのが大きな違いです。『翔んで埼玉』とほかの作品との圧倒的な違いを挙げるとしたら、観ている人たちの笑い声を伴ってこそ成立する作品だということ。これは、ほかの映画には存在しないファクターです。映画館で笑っていいという前提があるから、ほかの映画とはアプローチがちょっと違います。本来、映画はスクリーンの情報を観ている人たちが受け取るだけですけど、『翔んで埼玉』は受け取るだけではなく、自分と同じ空間にいる人たちが一体になって映画を完成させる。だから会場によっても観る人たちの年代によっても映画の印象は変わるし、どうおもしろかったのかも変わってくる。それはもう作品の優位性なんじゃないですか」

――音楽の双方向とも近い感覚でしょうか。

「基本的にツアーだと同じセットリストですが、同じライブはないんですよ。観に来ている人たちの熱量も変わるので、そういう意味では似ていると思います。かなりライブの感覚のある映画です」

――アーティストGACKTと役者GACKTでは、表現することに対して意識の違いはありますか？

「以前は役になりきることが演技だと思っていたときもあったんですが、演じれば演じるほど、自分ではないものを表現するだけになってしまって表現が薄っぺらくなってしまっていたんです。でも、緒形拳さんとご一緒してから考えが変わりました。自分というフィルターを通して演じることでキャラクターの特性が出ることに気づき、いまはGACKTというフィルターを通したうえで役を表現しています。結局、まったく自分ではないものを演じているわけではなく、自分のなかの一部を出しているだけです」

――『翔んで埼玉』シリーズはGACKTさんにとってどんな作品になっていますか？

「ひとつ間違ったら汚点になっています。ヒットしたからよかったけど、ヒットしなかったらもう最悪ですから。もちろん撮影中はそんなことは考えていないですけど、リスクはありましたよ」

――でもヒットして日本アカデミー賞を獲り、続編まで作られたことで、その感覚は変わったのでは？

「変わりませんよ。2作目がヒットするかどうかわからないんですから、ただのリスクです」

――では2作目もヒットし、3作目となった場合は？

「いえ、3作目はなんとしても阻止します」

GACKT
ガクト

1973年7月4日生まれ。沖縄県出身。バンド活動を経て、1999年にソロ活動を開始。CDシングル48枚とアルバム19枚をリリースし、男性ソロアーティストシングルTOP10獲得数は歴代1位を保持している。ミュージシャンという枠にとらわれることなく、俳優や声優の分野でも多数の出演作を誇る。

「“これがやりたいんだ”という芯と覚悟がある作品です」

二階堂ふみ

Interview

前作に続き、白鵬堂学院の生徒会長・壇ノ浦百美を演じた二階堂ふみさん。シリーズへの思いと、本作の持つメッセージについて語っていただきました。

取材・文／熊谷真由子　撮影／三橋優美子
ヘアメイク／足立真利子　スタイリスト／髙山エリ
衣装協力／ジャケット¥33,000、パンツ¥16,500／共にカイコー、ピアス¥16,500(参考価格)／ボーンショップ ロンドン(ノウ ショールーム)

――続編で関西が舞台になったのは二階堂さんの発言からだとか？

「いえいえ、そんなことないです。パート1キャンペーン中に『もし関西でやるなら？』という質問を武内監督からされたので、滋賀出身の友達が大阪や京都との確執のたびに『琵琶湖の水、止めたるで！』と言っていたのを思い出して、それを言っただけです（笑）。滋賀には琵琶湖以外にも南郷水産センターがあるんじゃ！　とか、『探偵！ナイトスクープ』でおなじみのとにかくいっぱいご飯が出てくる美富士食堂もある！　みたいな話も聞いていました」

――そして本当にパート2が製作されることになってしまったと。

「まさかできると思っていなかったので不安しかなかったです。でも前作の取材のときにＧＡＣＫＴさんが『映画で描かれていることはバカバカしいけど、世界で起こっている差別や戦争って、そのくらいバカバカしいこと』というメッセージもあるとおっしゃっていて、私もそのとおりだと思ったんですよね。映画では大らかな表現ですが、差別や戦争って、これくらいバカバカしいというメッセージ性があるので、すごく素敵な作品だと思いましたし、何より脚本がとてもおもしろかったです」

――パート1は公開後の反応がすごかったですよね。

「街ですごく声をかけていただくようになりました。印象的なのは、一度すれ違った方が走って追いかけてきて、『僕、埼玉出身なんです！』と言ってきてくれたこと。私が『本当にお世話になりました。作品を代表して謝罪します』と言うと、『ありがとうございました！』とおっしゃってくださって。おなじみの埼玉の方からもそうじゃない方からも『おもしろかったです』と声をかけていただけましたし、映画は多くの方々に観ていただかないと成り立たないので、みなさんに楽しんでいただけたことを感じてうれしかったです」

――こんなにヒットするとは……。

「もちろん思わなかったです。テレビ局で見る『翔んで埼玉』のポスターに何十億突破！という張り紙が更新されるたびに信じられない気持ちでした」

――百美にはすぐ戻れましたか？

「4年ほどあいていましたが、パート1のときに数多の修羅場をみんなで潜ってきたので、チームができあがっているんですよね。主要なス

TOKYO

FUMI NIKAIDOU

「今回も、刺激的で学びのある現場でした」

タッフの方々も引き続いて来てくださいましたし、GACKTさんもようやく来たねと温かく迎えてくださったので、戻ってきた感覚になれました。あとはやっぱりカツラと衣裳、目の下のほくろを入れると、一気に百美の魂が入りました」

――今回は、修羅場はありましたか?

「どうでしょう(笑)。でも、前作公開後にコロナがあって、世の中の雰囲気が変わりましたし、ここらでまた明るく楽しい時間を過ごして笑っていただきたいという使命感は、現場のみんなにあったと思います」

――今回の撮影で感じたことは?

「新キャラがたくさん登場しましたが、とくに野球部員の戸塚(純貴)さんの役が本当におもしろかったです。今回の豪華すぎるキャストの方々を見ていてワクワクした半面、どんなオファーの仕方をしたのかと思いましたね(笑)。それにセットなどの羽振りがよくて(笑)、いろいろな点にパワーアップを感じました。前作は海のものとも山のものともわからなかったとプロデューサーがおっしゃっていましたが(笑)、今作は監督も含めてみなさん楽しそうで、よりエンジンがかかっている感じがしました。武内監督はエンターテインメントとして、楽しませる表現に妥協がないんです。最近はリスク回避をしないと作品が成立しないこともありますが、このシリーズは〝これがやりたいんだ〟という芯と覚悟があるからこそ、突き抜け感があるんです」

――確かにディスり合戦とかも振り切ったおもしろさがありますよね。

「ディスりたいだけじゃなく、ディスった先に〝差別反対〟が大義名分としてあるのがこの作品ならではですし、愛を感じます。ただ、演じる側は振り切るからこそ、しっかり脇を締めないといけないし、つねに緊張感と不安を持って臨んでいます。楽しい作品は心が豊かになるし、自分もこういう作品を作っていかなければという気持ちにさせられる、刺激的で学びのある現場でした」

二階堂ふみ
にかいどう・ふみ

1994年9月21日生まれ。沖縄県出身。2009年、『ガマの油』で映画デビュー。映画『私の男』『リバーズ・エッジ』、ドラマ「エール」、「プロミス・シンデレラ」など、出演作多数。この夏話題となったドラマ「VIVANT」への出演でも注目を浴びる。

「滋賀の方たちの反応が気になります」

杏

Interview

月9ドラマ『デート〜恋とはどんなものかしら〜』以来の武内組参加となった杏さん。役作りへの思いや撮影中のエピソードについて伺いました。

取材・文／熊谷真由子　撮影／三橋優美子
ヘアメイク／高橋里帆（HappyStar）　スタイリスト／中井綾子（crêpe）

――今回、出演が決まった際のお気持ちはいかがでしたか？

「前作はもちろん観ていたので〝あの作品に出られるのか！〟という気持ちでした。以前、武内（英樹）監督の『デート〜恋とはどんなものかしら〜』というドラマに出演したことがあって、またご一緒したいと思っていたんですが、まさかこの作品でとは意外でしたね（笑）」

――オリジナルストーリーになりますが、脚本を読まれた感想は？

「すごくおもしろかったです。朝ドラ『ごちそうさん』の撮影で10カ月くらい関西に住んでいたことはありましたけど、私自身は東京生まれで、滋賀県のイメージがなかったので、逆に私が参加させていただいてもいいのかなと思っていました。滋賀の方たちの反応が気になります」

――演じた桔梗は、劇中のセリフにもありましたが、まさに『ベルサイユのばら』のオスカルのようでとても麗しかったです。

「オリジナルストーリーのオリジナルキャラクターなので、クランクイン前に、魔夜先生にお電話をさせていただきました。ビジュアルをどう作るのが正解か、もうちょっとこうしたらいいのでは？　と思うイメージがもしあったら言ってくださいというご相談をして、『真剣にやってくれればそれでいいです』とお返事をいただきました。原作ものに出演するときは、原作者と原作のファンの方をいちばん大事にしたいので、もちろん毎回ではないですが、できる限り作者の方とお話ししたいと思っていて」

――衣裳やメイクも素敵でした！

「マントや立っている襟など、戦国時代の南蛮渡来を意識していると衣裳の柘植（伊佐夫）さんがおっしゃっていました。マントにはかつて近江を争っていた名だたる武将たちの家紋がまるで勲章のようについているのですが、それは私がアイデアを出しました。誇らしく触るのですが、昔の栄光にすがっているという表現を込めています」

――セットから衣裳・メイクまで、魔夜ワールドに入っての感想は？

「エキストラの方も含めてみなさん、柘植さんオリジナル衣裳でしたし、旗などの小道具から通天閣や甲子園のセットまで、作り込むからこそ世界観に没入できるんですよね。私もカツラや衣裳に身を包んで、その独特な世界に入れて、とてもやりがいがありましたし、楽しかったです。

SHIGA

ANNE

「原作者と原作のファンの方をいちばん大事にしたい」

真剣にやるからこそおもしろくなることも感じていたので、演じる際は桔梗自身の戸惑いや憤りを大事にしていました」

――武内監督とはどんな話をされたのでしょう?

「最初に『騙したな!』と通天閣前に乗り込むシーンを撮って、撮影が延期になったので1年間寝かせていたんです。いきなり感情をトップギアにするシーンだったのもあって、最初にすべてを100%オンにしてやってみて、そこから監督と相談しつつ、オーバーにしなくてもいいところを削ってもらいながら桔梗を作っていきました」

――1年あいたことでの変化は?

「最初はセリフがすべて滋賀弁だったんです。でも1年経っていろいろ考えた結果、桔梗は留学もしているし貴公子なので、関西の人同士では滋賀弁が出るけれど、普段は標準語に近いイントネーションにしようとなりました。台本には滋賀弁のイントネーションを書き込んでいたし、ああ、全部覚えちゃった〜みたいな気持ちもありつつ(笑)。本編を観ていると滋賀のイントネーションが少し残っているなと感じるところはありましたね。逆に、標準語に直すほうが苦労しました」

――関西以外の人は大阪弁は思い浮かびやすいですが、滋賀弁はどんな感じですか?

「大阪弁のほうがもっと抑揚があって、滋賀弁はそんなにうねらない印象です。関西の方は方言にかなり厳しいと思いますし、方言指導の先生もいらっしゃっていましたが、ふとしたセリフのアクセントがだんだんわからなくなってしまうことはありました。そんなときは、滋賀のご出身の堀田(真由)さんとくっきー!さんが、コソッと『いまのは合っていましたよ』とか教えてくださって(笑)。おふたりは本当に"うみのこ"に乗ったとか、『琵琶湖周航の歌』も歌えるとお聞きして、台本に書かれていることは全部本当のことだったのかと驚きました。私はとびだしとび太が滋賀発ということすら知らなかったので(笑)」

杏《あん》

1986年4月14日生まれ。東京都出身。2001年にモデルデビューし、2005年から海外のプレタポルテコレクションで活躍。2007年、ドラマ「天国と地獄」で女優デビュー。近年ではドラマ「競争の番人」、映画『キングダム 運命の炎』『私たちの声』など、出演作多数。ナレーターや国連WFP親善大使など、多彩な分野で活躍中。

「歌舞伎との共通点を感じながら演じました」

片岡愛之助

Interview

**もともと『翔んで埼玉』が大好きだったという片岡愛之助さん。
振り切った演技でのラスボスぶりや、
共演者とのエピソードについて、お話を伺いました。**

取材・文／熊谷真由子　撮影／三橋優美子
ヘア／川田舞　メイク／青木満寿子
スタイリスト／九（Yolken）

——本作の出演オファーを受けた際のお気持ちは？

「『パタリロ！』で育ってきたので、魔夜先生の原作ものに出られるなんて夢にも思わなかったですし、パート1は何度も観ているくらい大好きなので、あの世界観に入れるならどんな役でも！　とうれしかったです。でも大阪府知事の役だと聞き、まともな役だと思って台本を読んだらすごいことになっていて（笑）。大阪愛が強すぎる、ちょっと狂気じみた役柄でしたね」

——ビジュアルも強烈でした。

「魔夜先生の世界観に入っていくので、どんな感じになるのかと思いつつお任せした結果、こういうド派手な答えになりました。衣裳は池乃めだか師匠をイメージしていて、大阪出身の僕はすぐわかりましたけど、ほかの地域の方はどうでしょう」

——ご自身からアイデアを出されたことはありますか？

「『できれば踊っていただきたい』と言われたので、お話を聞いたうえで扇子を持ったほうがいいんじゃないかと提案しました。祭壇で舞うクライマックスは歌舞伎の要素も入っていて、洋服で踊った際にきれいな形になるよう振りを作っていただき、ほかにも何かあると扇子を出すということをしていました」

——振り切った演技はラスボスにふさわしく、迫力がありました。

「こういう夢物語での悪役はデフォルメしていてガンガン行くのみなので、楽しみながら演じました」

——ちなみに吉村（洋文）大阪府知事とお話しされたそうですね。

「以前からよくお芝居を観に来てくださっているんです。それでたまたま食事に行ったとき、じつは府知事の役をやるんですとお伝えしたら、『楽しみです。観に行きます』とおっしゃってくださいましたが、実際ご覧になったら苦情が来そうですね（笑）。もちろん府知事といっても全然違いますけど、吉村さんも嘉祥寺も大阪愛が強いという点のみでいえば、根本は同じかもしれないです」

GACKTさんから「やっちゃってください」と

——共演者との印象的なエピソードはありますか？

「麗の顔についたたこ焼きのソースを舐めるシーンは、ＧＡＣＫＴさんから『やっちゃってください』と言われたので『失礼します』と。監督からはもっとセクシーな感じでという演

OSAKA

AINOSUKE KATAOKA

「大阪、神戸、京都のそれぞれの思惑が絶妙でしたね」

出だったので、『こうですか？　え、もっとですか⁉』みたいな感じで、ああいうシーンになりました(笑)。GACKTさんとは仲よくなれまして、GACKTさんの博多のライブに行ったり、東京でも食事に誘っていただいたり、とてもいいお友達ができました。妻の紀香とも結婚後初共演でしたが、そんなに意識していませんでした。現場で並んでメイクしてもらっていたら、むしろそれを見てスタッフさんが喜んでいましたね(笑)」

――夫婦としての初共演を成立させる『翔んで埼玉』チーム、すごいです。

「やっぱりこのすばらしい台本のおかげです。それに川崎麻世さんの絶妙な京都のいけずぶりが素敵でした。大阪、神戸、京都は三都物語ですから、それぞれがうちが一番やと思っていて、そういう思惑がありありと出ていて絶妙でしたね(笑)」

――ハイヒール・モモコさんとも共演されていましたね。

「モモコさんとはもともと仲がいいので、ありがたかったですね。モモコさんの旦那さんのお店に行ったり、お子さんも交えてご飯に行ったりと、家族ぐるみのお付き合いです」

――ちなみに愛之助さんが飼われている猫は埼玉の出身だそうで。

「そうなんです。知り合いのペットショップで引き取り手がキャンセルになって困っているという話を聞いて、見に行ったらもうかわいくて、引き取ってきました。埼玉とのご縁ですね」

――役者人生のなかで3本の指に入る、〝迷作〟ではなく〝名作〟だとおっしゃっていますね。

「迷うほうかもしれませんけれども(笑)、エンターテインメントの塊ですよね。原作の世界観を崩さずにこれだけオリジナル性を出せるのは、本当にすごいです。大人のおとぎ話。そういう意味では府知事のメイクも隈取といっても過言ではないですし、歌舞伎との共通項も感じられて、世界観にも入りやすい作品でしたね」

片岡愛之助
かたおか・あいのすけ

1972年3月4日生まれ。大阪府出身。1992年、六代目として片岡愛之助を襲名。歌舞伎のみならず、映画やテレビドラマ、舞台などでも幅広く活躍中。2023年は映画『仕掛人・藤枝梅安』『キングダム 運命の炎』『ホーンテッドマンション』（ディズニー／吹替）に出演。11月3日開幕の主演舞台『西遊記』や、12月の新作歌舞伎『流白浪燦星(ルパン三世)』、2025年の大河ドラマ『べらぼう ～蔦重栄華乃夢噺～』への出演が控えるなど、話題作への出演が続く。

『翔んで埼玉 ～琵琶湖より愛をこめて～』

クランクアップ集

CRANK UP

豪華出演者のみなさまの、クランクアップ時の写真と熱いコメントをお届け！
楽しい現場だったことが伝わってくるような、ステキな笑顔です。

麻実麗 役
GACKT

映画の撮影は、いいチーム、いい作品になればなるほど、終わるのが寂しいという気持ちは必ずあります。武内監督のチームは、モノづくりに対するプロ意識や画作りを追求する姿勢が非常に高いなと感じます。本作は、関西のドロドロした感情のキャッチボールがおもしろかったですね。そもそも『翔んで埼玉』なのに、なぜ関西に行くのか（笑）。関西に行くことはスケールアップなのか、それともスケールダウンなのか、それは観てのお楽しみということで。

壇ノ浦百美役
二階堂ふみ

寂しいなという感覚があります。撮影の後半は大阪弁でのセリフもありましたが、何が正解かわからないので、監督とやりとりして、「そっちでいいと思う！」みたいな感じで演じていました。怒られないかだけがちょっと心配です(笑)。『翔んで埼玉』は、私にとって予想外すぎる作品になりました。まさか第２弾があるとは思わなかったので、今回も予想外のことがあるんじゃないかなと期待と楽しみでいっぱいです。

桔梗魁役
杏

私は外での撮影が多かったのですが、お天気にも恵まれて、無事に終わることができてよかったです。エキストラの方も滋賀県人役は滋賀出身の方、奈良県人役は奈良出身の方を中心に集めてくださり、実際の声も現場で聞くことができたので、演じていてやりがいも感じられました。本作は関西が舞台ですが、日本中を揺るがす問題作になるんじゃないのかなと思います(笑)。こんなに現場で笑ったことはなかなかないので、できあがりもすごく楽しみです。

嘉祥寺晃 役
片岡愛之助

率直にただひと言、寂しい、それに尽きますね。こんなに楽しい作品、なかったですね。毎日お祭りみたいなんですよ(笑)。僕の役者人生のなかで３本の指に入る名作になったんじゃないかなと。名作って、迷うほうじゃないですよ(笑)。夫婦で共演もしましたが、現場に妻がいて、隣で同じようにメイクをしているっていうのがすごく新鮮で、楽しかったです。本作は大阪愛を持って演じました。前作を上回るものになっていたらうれしいですね。

神戸市長 役
藤原紀香

生まれ育った関西地方を、愛を持ってディスらせていただきました(笑)。衣裳やヘアスタイルを決めるときも、クリエイターの方々とお話をしながら作れたので、とても楽しかったです。夫婦での共演は結婚後初でしたが、台本を読んでさらにびっくりしました(笑)。でも監督に「このシーンは、この映画のなかの最大のブラックジョークなんだ」と言われて、私もエンターテイナーのひとりとして、楽しく演じさせていただきました。まさに「ザッツエンターテインメント」というような作品に仕上がっていると思います。

京都市長 役
川﨑麻世

大好きな『翔んで埼玉』の続編に出られて、うれしかったです。京都は生まれた街であり、本籍もあるので、その市長役を演じられてとても光栄でした。愛之助さんと紀香さんと僕は関西人なので、本番じゃないときでも関西弁でやりとりしていました。埼玉も大好きで、よく行きますよ。ただ、もし東京じゃなくてどこか近郊の埼玉、神奈川、千葉だったらどこに住みますか？って言われたら、神奈川ですね。名前が川﨑なんで(笑)。

近江美湖 役
堀田真由

私は滋賀県出身なので、滋賀県民として出演させていただいたことはすごくうれしかったです。慣れ親しんでいる言葉も多かったので、セリフも覚えやすかったです。両親も本当に喜んでくれましたし、滋賀のお友達にも自慢できる作品になったなって思います！

近江晴樹 役
くっきー！
（野性爆弾）

あんまこれ言っていいかわかんないんすけど、じつは僕、主役なんですよね。監督が言うてはりました。主役の気持ちでやってくださいって。だから僕、主役なんです。役者さんでもないド芸人の僕を主役にしてくれてうれしかったです。

和歌山解放戦線員 役
天童よしみ

GACKTさんが演じる麗様、そばにいてちょっと私、まいっちゃったですね。オーラが半端ない(笑)。そして役者やスタッフのみなさんがすごくプロフェッショナルでいらっしゃるのを見て、私も改めて「がんばろう！」という気持ちになりました。

元大阪府知事 役
モモコ（ハイヒール）

片岡愛之助さんとはめちゃくちゃ仲いいんですよ。だからまさかオカン役とは思わなくて、「嫁はん役ちゃうの？」って言いました。作品の内容は本当に私の野望なんですよ。大阪を首都にしたいみたいなのは(笑)。大阪のみなさん、大好きな私が出ていますよ(笑)。ぜひ観に行ってくださいね。

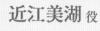

浜野サザエ役
小沢真珠

役作り的にもここまでテンションを上げるというのが初めてだったので、新しい引き出しを開けた作品です。私のなかでは転機になる作品だと思っています。

浜野アワビ役
中原翔子

前作では敵同士だったので、撮影後、埼玉チームのみなさんと一緒に埼玉ポーズをできたことは、仲間になれた感じがしてすごく感動しました。

おかよ役
益若つばさ

私、人見知りなんですけど、諒くんがいたおかげでみんなになじむことができました。撮影も楽しくて、運動会が終わったあとのような気持ちです。

下川信男役
加藤諒

埼玉チームの人たちとずっと行動をともにしていたので、みんなが本当の家族みたいな感じで、とても楽しかったです。関西弁については、だいぶエセですね(笑)。

若月依希役
朝日奈央

埼玉県出身としては『翔んで埼玉』に呼んでもらえるぐらいにならなきゃと思っていたので、こうして呼んでもらえて本当に光栄ですし、めちゃくちゃ自慢したいと思います。

内田智治役
アキラ100%

あんな素敵な奥さんと素敵な娘を持つ役なんて、市役所でがんばってきてよかったなと思いました。とても幸せな時間で、埼玉に生まれて本当によかったです。

内田直子役
和久井映見

登場人物たちが、それぞれの土地の愛を持って前に進んでいく物語。前作の世界観。ちゃんとそのなかの一部になれているといいなあと思います。

みなさん、
お疲れ様でした!

“笑い”と“耽美”の原典は大阪にあった!?

監督
武内英樹×魔夜峰央
『翔んで埼玉』原作

大ヒットを記録した前作から4年、新たな舞台は関西！
武内監督と魔夜先生に新作への想い、そして関西との縁について語っていただきました。

取材・文／春錵かつら　撮影／三橋優美子

——魔夜先生、できあがった作品を観てのご感想はいかがでしょうか？

魔夜　おもしろさが倍増していますね。より細かく、そしてよりパワーアップしていると感じました。

武内　かなり取材に行きました。撮影が一度延期になったので、その間に何度も大阪や京都に行き直して、とにかくネタをひたすら集めまくりました。

魔夜　でしょうね。でなきゃ、あんなに緻密に描けないもの。

武内　ネタがあればあるほど、選べるじゃないですか。そのなかのどれがいちばん作品に適していて、危なくなくて、おもしろくて……って取捨選択ができますから。ネタの数が少ないとちょっと難しいですよね。

魔夜　うん、無理だよね。

武内　それを吟味したうえで京都人に当ててみて、スタッフや関西の人のリアクションを聞いて、「あ、これは大丈夫なんだ」「これはやっちゃいけないんだ」っていう線引きや試行錯誤をする時間がたっぷりあったのがよかったですね。

魔夜　次は関西だろうなとは思っていたけれど、滋賀をそこまでフィーチャーするとは思ってなかった。なぜ滋賀をメインにしたの？

武内　関西でやることが決まって、関西でいうところの「埼玉ポジション」はどこなんだろうっていうのを探しに行く旅からスタートしたんですよ。当初は和歌山にしようと思っていたのですが、大阪、京都、神戸の人に「関西における埼玉的ポジションはどこなの？」って聞いたら、意外と「奈良」っていう回答が多くて。でも、関東の人間からしてみれば、奈良っていうのは少し違う感じがしたんですよね。

魔夜　古都って感じがするもんね。

武内　ですよね。そしたら「滋賀もそうだ」って意見も出てきて。どちらかというと大阪からというよりは、京都から見た滋賀がそうだと。大阪の人にしてみれば、滋賀なんて眼中にないみたいで(笑)。

魔夜　(笑)

武内　そこで強引に大阪と京都と神戸を組ませることによって「対滋賀」みたいな構図にしたんです。取材したときに、各県のフィルムコミッションが「うちでやってくれ」って来られるんですけれど、滋賀が本当に熱心で「これだけ熱心なら、どれだけディスっても怒られないだろう」と踏んで、滋賀に決まりました。

魔夜　脚本を読んだときに「1作目

よりもおもしろくなるだろうな」という予感はありましたよ。監督が覚えているかわかりませんけれど、1作目の撮影中に『2』の話で盛り上がっていたと言っていたので、2作目は当然あると思っていましたよ。

武内　ただ、1作目が公開されるまでは怖くて仕方なかったです。どんな反応になるか。

魔夜　1作目を公開したら、埼玉の方がとても喜んでくれましたよね。私の原作コミックも売れたし、映画もたくさんの人が観てくれて。「埼玉県人が感謝してます。何百万人も幸せにしました」って言われたの。

武内　僕も言われました！　こんなにディスってるのになんで？　本当に素直に受け取っていいのかと、最初は疑いましたよ(笑)。

魔夜　埼玉の人は心が広いから、いいんですよ。ただ……今作はどうでしょうねえ？(ニヤリ)

武内　めちゃくちゃ怖いです！(笑)

『翔んで埼玉』の誕生は関西との思わぬ縁のおかげ!?

――おふたりは関西とは縁がおありですか？

武内　僕、じつは阪神ファンなんです。横浜生まれなのに、なぜか小学生のときからずっと阪神ファンで。

魔夜　なんで？

武内　小学校1年生のとき、母親が阪神タイガースの「藤田平6番」っていうユニフォーム風のパジャマを買ってきたんですよ。両親は野球にまったく興味がなかったので、単に横浜では阪神の商品が売れなくて半額とかになっていたとかじゃないですかね(笑)。それをずっと着ているうちに、「なんだかこの縦じま、カッコよくない？」って。

魔夜　私は大阪芸術大学に行っていたので、大阪になじみはあります。テレビをつけるといつでもお笑い番組をやっているっていうイメージがすごくありますね。昔は冗談で「大阪芸人大学」とか言っていたんですけど、大阪芸術大学出身のミルクボーイが出てきて本当になっちゃいましたからね(笑)。シャレがシャレでなくなったっていうか。

武内　魔夜先生のご出身は新潟ですよね？　新潟から大阪芸大に行かれたんですね。

魔夜　日本の芸大・美大のなかで、唯一、学科試験がなかったんです。

武内　そうなんですか。

魔夜　だから「ココなら行けるかな」と思ったんですが、あとで聞いたら

魔夜峰央
まや・みねお
1953年3月4日生まれ。新潟県出身。1973年、『デラックスマーガレット』（集英社）でデビュー。1978年、『花とゆめ』（白泉社）にて『パタリロ！』の連載を開始。アニメ化もされ大ヒットとなる。コミック『翔んで埼玉』は、SNSで話題となったことをきっかけに、2015年に宝島社より復刊された。

ほかにも行けたところはあったみたいで。でも大阪芸大に通うことにしたおかげで大阪にも行けたし、所沢にも行けたし、『翔んで埼玉』も生まれましたしね。

武内　縁がありますね（笑）。

魔夜　大阪芸術大学は富田林というところにあるんですよ。昔、富田林駅は木造の駅舎で、スケバンがズラッと並んでたんです。当時、新潟の女子高生たちはひざ丈くらいのスカートを穿いていたんですけど、富田林ではみんな、かかとまであるロングスカートでぞろぞろ歩いているんです。えらいところに来ちゃったなあって思ったんですけれど、結局そのあとに「マキシスカート」って名前で日本全国に流行ったんです。その2年後くらいに、今度は富田林の女子高生のスカートが極端に短くなったんですよ。そしたらまたしばらくしてそれが日本中に流行っていったんです。だから日本のファッションの流行の発祥地なのかなって。

武内　富田林が！（笑）

魔夜先生の世界観を今作でも継承してゆく

――今作は前作と違い映画オリジナルですが、魔夜先生の世界観を引き継ぐにあたり、武内監督が注意されたことはどんなことでしょうか？

武内　「魔夜先生だったらこのシチュエーションでどういうことを考えるかな」ということをつねに想像しながら作りましたね。前回と同じ流れを継承したり、当然、BL的な要素も必要だと思ったので杏ちゃんを美青年役に起用して、ファッションも魔夜先生の作品にあるような耽美な世界を意識しました。メイクもデザインの柘植さんと『パタリロ！』とかを見ながら詰めていきましたね。

魔夜　杏さんはよかったですね。彼女は本当にお芝居がお上手ですね。

武内　加えて杏ちゃん、変な役も大好きなので（笑）。今作も喜んでいろいろやってくれました。

魔夜　桔梗魁というキャラクターは、僕の作品に普通に美青年として登場しそうですね。バンコランは美少年が好きだから、『パタリロ！』とかだとそんなに大きく関わってこないかもしれませんが。でも、今作では杏さんが美青年役でよかったと思います。すごくハマってた。

武内　スタイルもすごくいいですもんね。脚も長くて。身体の3分の2くらいが脚ですもんね。その現実離れした感じが世界観に合うかなと思って。GACKTさんと並んでも映えるし。

――魔夜先生が今作でいちばんお気に入りのシーンはどこでしたか？

魔夜　私はやっぱり、クライマックスの〝あのシーン〟ですね……。

武内　そこ！　いちばんこだわったところですよ！（笑）　スタッフに嫌な顔されながらも、もっとああしろこうしろって何度も。ネタバレになるのでここでは言えませんが。

魔夜　あとは杏さん演じる桔梗が、GACKTさん演じる麗に「煮るなり焼くなり、抱くなりしてくれ」って言ったシーンがおもしろくてね。

武内　アハハ（笑）。よかったです。

――魔夜先生は今作の脚本作りには関わったりされたのでしょうか？

魔夜　前作同様、まったく関わっていません。完全にお任せで。

武内　前作同様、今回も自由にやらせていただきました！

魔夜　それこそ煮るなり焼くなり。

大阪府知事の演技は気持ちがこもっていた

――好きなキャラクターは？

魔夜　印象深いのは、愛之助さんが演じられた大阪府知事ですかね。

武内　ほんと、すごい存在感ですよね。

武内英樹
たけうち・ひでき
1966年10月9日生まれ。千葉県出身。フジテレビ入社後、ドラマ「みにくいアヒルの子」で初演出。以降、ドラマ「のだめカンタービレ」「デート〜恋とはどんなものかしら〜」、映画『テルマエ・ロマエ』など、数々のヒット作の演出、監督を務める。

魔夜　彼がいなきゃ、ここまでできなかったですよね。本当の大阪人だから、丸裸でさらけ出してるわけですよね。そこがまたいいんですよ。

武内　愛之助さん、「本当に東京をぶっ潰したい！」って言っていましたよ。モモコさんも「本音だから。本当にぶっ潰したいと思ってる」って(笑)。だからその気持ちが演技にこもったんでしょうね（笑）。

――もしさらに続編が作られるとしたら、舞台はどこがいいですか？

魔夜　フッフッフッ……。

武内　関西でやっちゃうと、なかなかそれを超えるのは難しいですよね。

魔夜　アイデアはあるだろうけど、言わないほうがいいんじゃないですか？

武内　言いません！(笑)

――海外とか？

武内　それは……みなさんのご想像にお任せします！　ハイ！

魔夜峰央先生出演シーンメイキング集

①：実際の出演シーンの様子。
②：映画にも登場した奥様の山田芳実さん、娘の山田マリエさん、息子の山田眞央さんと、ご家族での4ショット。
③：計7カットを2時間かけて撮影。

2022年12月2日（金）、撮影もいよいよ大詰めとなったこの日に、魔夜先生が出演する冒頭のシーンの撮影が行われました。前作同様、魔夜先生のバックで美しい舞を見せてくれたのは、埼玉県所沢市に本拠を置くNBAバレエ団の方々と魔夜一家の面々。監督からの「どしっと構えた状態で、邪悪な感じでニヤリとしてください」とのオーダーに応じた魔夜先生、撮影後は「まったく動きがなかったな」と笑いながらおっしゃってました。

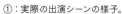

オリジナルキャラ描き下ろしイラスト

魔夜峰央よりコメント

クセのない二枚目というのは、普段の私のなかには存在しない設定なので、非常に描きにくいキャラでした。しかしできあがってみると、ケープの代わりにパタリロの制服を羽織っています。たぶん桔梗がパリにいるころ、仕事でパリに来ていたバンコランに出会ったのでしょう。といっても、がっつり出会っていたら、間違いなくバンコランに食われていたはずですから、かすかな接触だったと思われます。それでも心を惹かれた桔梗にパタリロが近づき、紹介してやろうと持ちかけて、多額の紹介料をだまし取りました。そのウソの約束のカタとして制服を与えたのですが、宮殿のクローゼットに入っているような一流ブランドの品ではなく、こういうときのために作らせてあった安物のパチモン。パタリロはなんやかや理由をつけて、さらに桔梗からお金をせびり取るつもりなのですが、純情な桔梗はそれを知らずにいる。とまあ、こんなことなのでしょう。きっと。知らんけど。

魔夜峰央による映画

魔夜峰央よりコメント

母親が魔女だったので、たぶん自身にも半分魔界の血が流れているのでしょう。うーん、困ったことにあまりにも描きやすいキャラだったので、これ以上のコメントが思い浮かびません。皮肉なものです。

オフショット＆裏話も満載！

メイキング集

MAKING

笑いの絶えない現場の舞台裏をお届け！

大ヒットを記録した『翔んで埼玉』から4年――。前作にも増して個性も濃さもパワーアップしたキャラクターたちがそろい踏みの『翔んで埼玉～琵琶湖より愛をこめて～』がいよいよ完成！　埼玉だけでなく、あのシーンはいったいどこでどうやって撮影されたのか、映画の舞台裏で繰り広げられた撮影秘話を、撮影風景と宣伝部制作日誌から振り返ります。

映画鑑賞後に読み返してその余韻を存分に堪能するもよし、鑑賞前に読んでどんな世界が広がるかに思いを馳せるもよし。何度も現地取材を重ねて生み出した物語から広がるのは、鮮烈な関西リスペクト、そして何よりの『翔んで埼玉』愛！

前作同様、今回も爆笑が絶えなかった撮影現場。スクリーンの端に映る数々の小道具や、役者たちの仕草の一つひとつ、劇場では決して見ることができない撮影現場のエピソードが満載です。キャストや制作陣の情熱に触れることができる撮影の軌跡を、いざ、たどりましょう！

船の中
宣伝部制作日誌より

麗たちが和歌山に向かう船内のシーンは、東映東京撮影所にて撮影。実際に船内に1500リットルの水を流すため、1～2回の本番勝負の撮影です。監督は直前、美術チームに「水、つゆだくで！」と指示を出していました。GACKTさんは段取りのときに、揺れる船の柱をつかんだほうがリアリティがあるんじゃないかと監督に提案。見事2回で撮影は成功し、本当に転覆したかのような迫力満点の映像になりました。支部長たちは「想像の5、6倍以上の水が来た」と笑顔で答えていました。

和歌山～奈良の獣道
宣伝部制作日誌より

和歌山～奈良の獣道は、佐倉フィールドアーチェリークラブをお借りしての撮影。敵がいないか確認する際、ターンしたほうがおもしろいのではというGACKTさんからの提案に、監督は「最高。やりましょう！」と即答。その演技をモニターで見た監督、GACKTさん、杏さんは「なんだこれ（笑）」と笑っていました。パンダは着ぐるみを着た人が演じましたが、あまりにも自然な演技で、監督・キャスト・スタッフ一同爆笑。合間は記念撮影会になりました。

大阪甲子園球場
宣伝部制作日誌より

羽生市にある羽生中央公園野球場をお借りして撮影。前日はあいにくの雨で、バーナーで温めて泥を省いたりして準備しました。白塗りの野球部員たちのグローブは埼玉県人ということで昭和初期の手形のグローブを使用。監督やスタッフは「ひどすぎないか(笑)」と爆笑でした。監督は野球好きということもあり、戸塚純貴さんにかけ声や投球のタイミングをはじめ、コミカルではなくまじめにと演技指導。戸塚さんの演じる姿がバカバカしいと、ずっと笑っていました。

大阪甲子園球場・地下施設
宣伝部制作日誌より

米菓製造「丸彦製菓」の地下30mの深さにある採石場跡地、大谷石丸彦製菓をお借りしての撮影でしたが、最高気温17度とただでさえ寒いのに洞窟のなかは5度！　真冬の寒さのなか撮影は行われました。GACKTさんの提案で捕らえられている麗が少し声を変えたほうがおもしろいのではということになり、おっさんみたいな声でセリフを試すGACKTさんがおもしろすぎてスタッフ一同大爆笑。段取りを見ていた監督は、「なんだこの茶番。最高だよ」と大絶賛していました。

小料理屋
宣伝部制作日誌より

京都・祇園の小料理屋のシーンは、茨城県つくばみらい市内にあるワープステーション江戸にて撮影が行われ、堀田真由さんがクランクイン。堀田さん演じる美湖が働く小料理屋は江戸時代のものを再現したものの、「ジントニック」や「まかないカレー」など現代的なメニューが並ぶ摩訶不思議な世界観に。監督から堀田さんに「もっと少女っぽく演じてほしい」という提案があり、それを受け堀田さんは何回も監督とどう演じるかの確認をしていました。

琵琶湖
宣伝部制作日誌より

琵琶湖が見渡せる場所で麗と桔梗魁が話しているところへ、シラコバトが百美からの手紙を運んでくるシーン。本物のハトを使っての撮影に、GACKTさんと杏さんも驚きの表情を見せていました。麗が桔梗の髪をなでるシーンの際は、監督から「宝塚感を出してほしい」というリクエストが。麗と桔梗が手を組んで一緒に滋賀ポーズをする際、手の組み方を「友情組み」にするか乙女っぽく組んだほうがよいかを、監督、GACKTさん、杏さんで相談する様子も見られました。

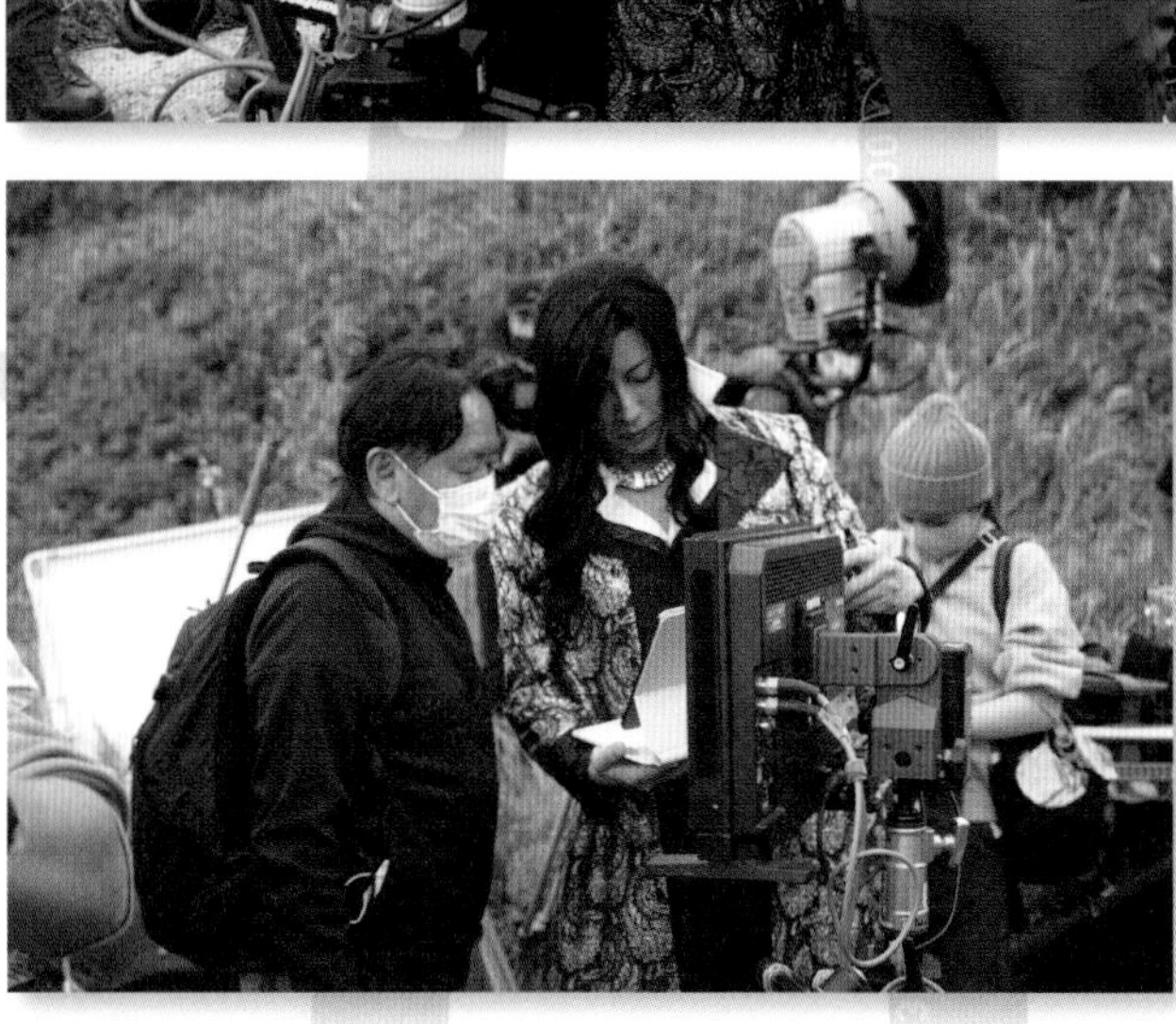

瀬田川洗堰までの道
宣伝部制作日誌より

鹿沼市にある出会いの森総合公園オートキャンプ場が今回のロケ地。少し前にクランクインした片岡愛之助さんに続き、この日は藤原紀香さんと川崎麻世さんがクランクイン。嘉祥寺・神戸市長・京都市長が合流するシーンで、エキストラ150人にご協力いただいての大がかりな撮影。撮影合間には夫婦初共演となる紀香さんは愛之助さんの写真を撮ったり、川崎さんはときおりひとりでセリフの練習や、愛之助さん、紀香さんと世間話などをして楽しんでいました。

埼玉解放戦線のアジト
宣伝部制作日誌より

デビット伊東さん、ゴルゴ松本さん、杉山裕之さん、谷田部俊さん、はなわさん、山中崇史さんら路線族と百美が一堂に会す埼玉解放戦線アジトをフジテレビ湾岸スタジオにて撮影。デビット伊東さんらが服をはだけさせたほうがいいんじゃないかと監督に提案し、メイクさんにたくさん汚させていました。このシーンで路線族はクランクアップ。お笑い好きの二階堂ふみさんは路線族たちとの共演がうれしかったのか、写真をたくさん撮っていました。

嘉祥寺家・祭壇
宣伝部制作日誌より

嘉祥寺家は、アルフォンソ・ロイヤルチェスター前橋、祭壇は山梨にある幸せの丘ありあんすをお借りして撮影。エキストラ200人のご協力で儀式的な踊りをしていただきました。片岡愛之助さんは振付けを当日覚えたそうですが、古典的な歌舞伎の要素も多く踊りやすかったとのこと。撮影が4時間近く押すなか、GACKTさんが入るとエキストラから拍手が沸き起こり、愛之助さんも「すみません。たいへんお待たせしました！」とお出迎え。撮影合間にはたびたびふたりで談笑していました。

文（P48-53）／春錵かつら

和歌山県・白浜
宣伝部制作日誌より

和歌山・白浜のシーンは、伊豆最大のビーチと呼ばれている白浜大浜海岸で11月ごろに撮影。杏さんの撮影の間、埼玉解放戦線メンバー（おかよ・信男・支部長たち）は空き時間になるたび、記念写真を撮ったりとかなり遅い夏を満喫していました。彼らが海で遊ぶカットの撮影時、監督から「埼玉県人は海に並々ならぬ憧れがあるから、純粋に楽しい気持ちを出してほしい」との指示が。撮影というより純粋に楽しんだ様子で、わずか30分で終了しました。

しらこばと水上公園
宣伝部制作日誌より

埼玉県の鳥「シラコバト」にちなんで命名されたしらこばと水上公園のホワイトビーチ・さざなみプールをお借りし12月に撮影。最初、極寒ゆえエキストラのテンションが低かったので「海だよ！　テンション上げて～」と監督が鼓舞する場面も。百美と麗のダンスパートのシーンでは、ダンス指導のakaneさんを交え、ふたりともとても真剣に練習に挑んでいましたが、ときおり笑顔も見える現場でした。約１カ月半の撮影を終えたGACKTさんは、この撮影でクランクアップを迎えました。

人物デザイン監修／衣裳デザイン

柘植伊佐夫インタビュー

あのファッション＆メイクはどのように生まれたのか?
前作に続きデザインを担当した柘植氏にそのヒミツを伺いました。

取材・文／春錵かつら

壇ノ浦百美

今回、百美を新しい衣裳にするかという議論もありましたが、劇中の時間は前作からそれほど経過していない設定とのことだったので、衣裳は引き継ぐことにしました。新しく加わったマントは、二階堂ふみさんの提案です。二階堂さんは新たな作品に向かううえで、フレッシュな要素を入れたかったのだと思います。もともと持っていたマントを前作では身に着けなかったけど、今作で着ているという設定にしました。

桔梗 魁

オリジナルキャラクターの桔梗は、ゼロからのデザインでした。麗を巡って百美との三角関係がビジュアルでもわかるよう、百美の胸元がリボンであるのに対し、桔梗の胸元にはフリルをあしらうなど、百美と少し似た記号を織り込んでいます。また、桔梗は滋賀解放戦線のリーダーなので、軍人の偉い人が胸に勲章をたくさんつけているように、マントにバッジをたくさんつけることになりました。杏さんがバッジの配置にものすごくこだわっていたのが印象に残っています。

前作に続き、今作へ参加するにあたって

今回、ご依頼をいただいたとき「タイトルが『埼玉』なのに、どうして関西なんだ?」という疑問が頭を駆け巡り、このぶんでは全国展開も夢じゃないなと思いました。

「人物デザイン監修」という仕事は、扮装をトータルでデザインする統括職。まず着手したのは、作品の全体像を自分なりに捉えることでした。作品作りではコンセプトをワンワードで言語化するところから入ります。『1』のときは「宝塚」。『ベルばら』と言ってもいいかもしれません。ただ、今回は明確に決めませんでした。『1』では監督をはじめ全員が手探り状態でしたが、無事成功して観客のみなさんに「『翔んで埼玉』って、こういう濃いものだよね」という認識ができあがったので、『2』はその延長線という感じです。前作ほど困難ではなく、むしろ楽しい気持ちのほうが強かった。2回目だからといって自分自身の新鮮味を落とさないように、映像から伝わるテンションや熱量を下げないように注意しました。

嘉祥寺 晃

この衣裳は、吉本新喜劇の池乃めだか師匠オマージュです。片岡愛之助さんはスーツがとてもお似合いなので、フィッティングしていて楽しかったですね。スーツは、前から見るとダブルですが後ろは燕尾服になっているという特殊なデザイン。それにロンドンブーツという組み合わせで、ブリティッシュスタイルながら少しいびつな感じにして、さらに大阪のコテコテ感を加えています。スーツの柄は「亀甲花菱（きっこうはなびし)」という家紋で、じつは北近江（滋賀県)にある名家の家紋。大阪の人間なのになぜ……？　という謎の含みを持たせました。メイクは、歌舞伎と宝塚が混ざった濃いものを施しています。

神戸市長

衣裳は、映画『ティファニーで朝食を』のオマージュです。ゴージャスだけど虚飾に満ちている、本物だけれど少し表層的、という感じを黒いドレスで表現しました。ボディーラインにフィットしたデザインなので、ほかの衣裳より緻密で高い技術を投入しています。藤原紀香さんが一緒になってこだわってくださり、動く身体に合わせて何度もピン打ちを重ね、そのおかげでどんな状態でも美しいシルエットが出せる衣裳となりました。神戸市の市章がシャネルのマークに似ていたので、ぜひアクセサリーのデザインとして使いたかったのですが、実現が難しかったので最終的には錨デザインをあしらっています。

京都市長

「洛中」という文字が目立つインパクトのあるデザインですね。京都市長なのに、洛中だけでいいのかっていう(笑)。衣裳の背は文字ではなく絵にしようかとも考えましたが、京都らしさをひと目でわかっていただくということで、かなり早い段階で洛中に決まりました。いちばん気を使ったのは、文字の書体とサイズ。かなり試行錯誤を繰り返しています。メイクに関しては、川﨑麻世さんが舞台役者でもあるので、強いメイクをよくご理解いただいているだろうとご本人にお願いしたところ、快諾いただいてご自身でなさっているんですよ。

元大阪府知事

トラのぬいぐるみを肩に載せる衣裳というのは、なかなか作ろうと思っても作れないので、自分としてもすごく新鮮でしたし、思いついたときには「これだ！」とうれしかったですね。トラは小道具部に3、４種類ほど用意してもらったなかから選び、その後、特殊造形の松岡さんに衣裳の色と合わせて彩色してもらい、胴に入っている綿を抜いて衣裳に縫いつけたという手の込んだ一品です。ポスタービジュアルを撮影するとき、モモコさんが「トラ子」って名前をつけてかわいがっていたとお聞きして、すごくうれしかったなぁ。鼻筋に白を引くメイクは、儀式的な感じを表現しています。これにより、日本のお祭りっぽさも出すことができました。

滋賀のジャンヌダルク

これはもうストレートに、15世紀のジャンヌ・ダルクをイメージしています。回想シーン によくあるソフトフォーカスで光が乱反射する感じを出したかった。本物のジャンヌ・ダルクが身に着けていたであろう鎖帷子もキラキラしているので、それを本作なりに再解釈して、ミラーボール的な総スパンコールにしたらいいんじゃないかと(笑)。最初に僕が提案したのは、ピンク・レディーが「UFO」のときに着ていたような衣裳でした。

関西勢をデザインすることについて

今回、真っ先にデザインが決まったのが、愛之助さん演じる大阪府知事でした。人物デザインには登場しただけで笑える「出オチ感」と、じっくり見てもらえる「咀嚼感」がありますが、関西勢はそのちょうど中間くらいになればといいなと思いました前作『翔んで埼玉』の実写化で人物デザインに心がけたのは、魔夜峰央先生が描くマンガ特有の〝どこかとぼけたような上品なユーモア〟が消えないようにすること。『2』でもそれは変わっていません。

麗と百美などメインキャラクターは、シリーズを通して普遍的なイメージを持たせたかったので、あまりデザインを変更しませんでした関西勢については、『翔んで埼玉』のトーン＆マナーは大事にしつつも日本的で派手な色彩を使って、濃厚な地域性を出せたらいいなと。本作特有のキワドイ表現も、私なりに愛情を持って、ユーモアを加味しています。

和歌山の姫君

誰が見ても一瞬で姫だとわかるデザインにしています。和歌山のことを想っている、とても純粋なプリンセスになればいいなと。監督が『さらば宇宙戦艦ヤマト 愛の戦士たち』に登場するテレサという女性キャラクターをイメージしているとのことだったのでそのキャラクターに寄せたデザイン画も描きました。

施設長

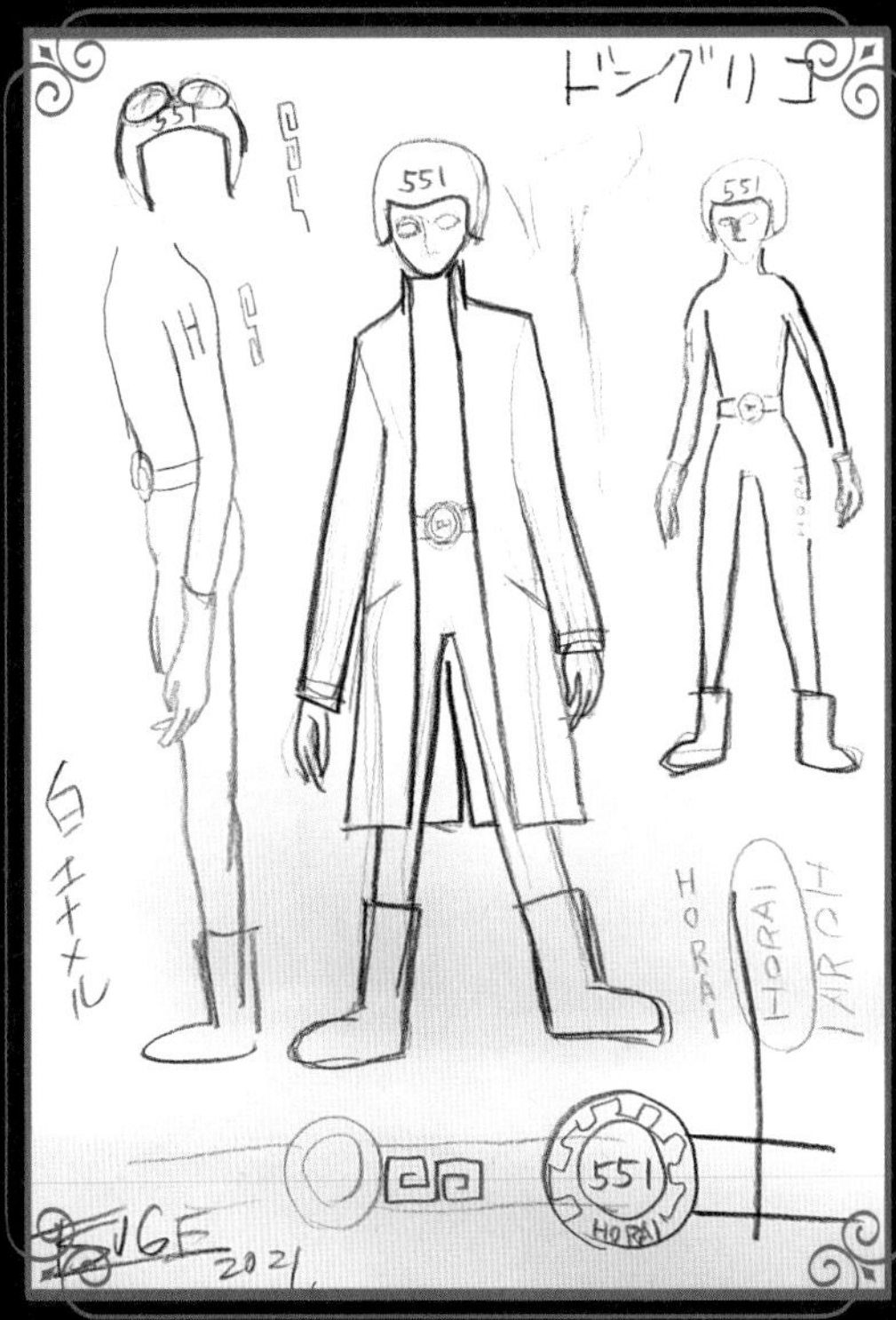

粉物工場で働く労働者

奈良県人

大阪にある謎の施設にいる登場人物たちは、それぞれに大阪的な記号を散りばめました。色も赤、青、白をはっきり配しています。メイクは白塗りをベースにしました。白塗りって、大道芸的な感じもあって、そこはかとない悲しみもあるので、ただおもしろいだけじゃない味わいのあるキャラクターになったと思います。そのほか奈良人は、ご覧のとおりハニワがモチーフ。過去に奈良大学が制作した『美し記〜utsukushiki〜』という服飾史の動画を監修させていただいたのですが、そのために古代服飾を研究しましたので、このデザインはいちおう時代考証に則ったものです(笑)。

CG加工によって画面はこんなにも豊かになる！

『翔んで2』VFXの世界

武内監督の求める強烈でスケールの大きい映像を実現するVFX技術。CGとはっきりわかるものから「えっ、こんなものもCG!?」といった意外なものまで、どのように作られたのか、VFXチームのおふたりに伺いました。

取材／奥津英敏　文／山本俊輔

帆船

当初はミニチュアでの撮影が検討されていたが、試行錯誤の結果、CGとの併用になった。モデルはコロンブスが乗っていたサンタ・マリア号。「監督にプレゼンしたところ、『いかにも千葉県人が乗ってそう』と気に入ってくれました」（長崎）

池袋

加工前

加工後

前作に引き続き登場する、池袋にある埼玉解放戦線のアジト屋上。東武百貨店、西武、パルコ、ビックカメラなど「池袋といえば」といったランドマークがひとつの画面にひしめく。背景のCG自体は、前作から流用とのこと。

アポロンタワー

当初のイメージ

最終デザイン

最初に美術部が持ってきた案は、上海タワーにたこ焼きが数個くっついたイメージだったが、検討の結果変更することに。そこでVFXチーム側は神戸タワー風のものをプレゼンしたところ、「『悪の巣窟なのに神戸タワーに似すぎでは』という指摘があり、最終的にこのデザインに落ち着きました」（長崎）

タコランド

ある種の狂気に満ちたこのシーン。当初はミニチュアでの撮影を予定していたが、紆余曲折の末、ミニチュア的ルックのフルCGに。「明確なレイアウトがなく膨大な素材があるだけの状態だったので、それをひとつの映像にまとめるのがたいへんでした。苦労したかいあってかわいらしく仕上がり、ミニチュアの世界にカメラが入った感じの映像にできたと思います」（長崎）

VFXプロデューサー 赤羽智史

我々の仕事は作品ごとにテーマが違うので、やらなければならないことが毎回変わります。ただ武内英樹監督作品の場合は、『テルマエ・ロマエ』『のだめカンタービレ』のころからつねに作品のルックがすごくしっかりしているので、そこを目指して作っていくといった感じで一貫していました。監督のなかではつねに大きな方向性があって、それを目指して僕たちスタッフがいろいろ試行錯誤してやっていく感じ。監督の大きな方向性とは、ゴージャスであり、エレガントであり、クラシカルな画面。その目標を作るために、ディテールについては撮影の谷川創平さんや美術の清木陽次さんたちと話し合いながら決めています。

撮影が一度中断しましたが、足かけ2年以上も携わってきたのでようやく完成したという感じでした。今回は、前作以上にクリアしなければならないミッションが多くプレッシャーもありましたが、限られた条件のなかで最大限のことはできたと思っています。たくさんの人に楽しんでいただきたいですね。

琵琶湖の水門

加工前

加工後

「水門の上に建てられたやぐらの映像はかなり複雑で、秩父など３カ所、大阪軍に切り返した画やセットも含めて合計で５カ所くらいのロケーションがミックスされてできているんですよ」（赤羽）

通天閣

加工前

加工後

通天閣の合成は「最初、実写に手を加えればいいと軽く考えていたんですけど、補修工事のため外幕を張ることになると知り、慌てて写真を撮りに行き、結局全部CGで作っています」（長崎）

田んぼアート

加工前

加工後

田んぼアートにもVFXの力が。「撮影時は、歌舞伎の絵ではなく別のものでした。これは撮影が延期したためなんですが、そのままでは話がつながらないので当初予定した画を合成したんです」（長崎）

決戦風景

加工前

加工後

「バックグラウンドにいるモブは、かなりの量をビジュアルエフェクトで足すことで大群衆にしています。とびだしとび太もものすごい数ありますが、これもエフェクトで足しているんです」（赤羽）

しらこばと水上公園

しらこばと水上公園は一見、何も加工していないようだが……。「じつは後ろに見える『しらこばと水上公園』の看板がCGなんです。美術で建てようとすると、かなり大きなサイズになってしまうので。あと、エフェクトで波のキラキラも足しています」（長崎）

大阪甲子園球場

重厚なたたずまいの大阪甲子園球場。「これは武内監督の『テルマエ・ロマエ』に登場したコロッセオをモチーフにしました」（赤羽）

VFXスーパーバイザー 長崎 悠

今回は密度が濃かったですね。僕は『劇場版 ルパンの娘』から武内監督作品に携わっているんですけど、そのときよりも圧倒的に密度が濃かったですし、監督が要求するレベルも高かった。監督は、この作品にすごく思い入れがあるのだろうと感じました。

僕は今回、監督が笑ったら僕たちの勝ちだと思って、監督をおもしろがらせることに注力しました。監督を笑わせて楽しませる。でもこっちがふざけるのはダメ。ふざけると監督の望むものにはならないので、一生懸命作り込んで、すごくゴージャスなCGにするんだけど、なんかどこかおかしくて笑える。そうした映像になるよう心がけて作業しました。

序盤で船５隻が航行するカットは早い段階から作っていて、できあがったカットを綱引き大会の撮影中だった監督にお見せしたんです。そうしたらめちゃめちゃ気に入ってくれて、撮影中のことあるごとに「船のCG見せて。あれを見るとやる気が出る」っておっしゃってくれたのがとてもうれしかったですね。

美術

精木陽次インタビュー

スクリーンのなかをこれでもかと彩る美術セットや装飾物。大がかりなものから細か〜いものまで、じっくりと解説していただきました。

取材／奥津英敏
文／大村茉穂

池袋のアジト

前作にも登場した池袋の屋上ですが、今作ではセットに「池袋ムーンスカイパーク」と命名したお店を新たに作りました。埼玉解放戦線の拠点であるその場所は、彼らが若いころにあこがれたアメリカンダイナーという設定で、椅子や飾りなどをポップにしています。また、サーフボードや浮き輪を置き、埼玉県人が海にあこがれている感じを出しました。ほかにも千葉と戦ったときの戦利品を置いたり、戦場カメラマンが撮ったような昔の写真を貼ったりしています。

アポロンタワー内

アポロンタワー内は武内監督のこだわりがすごくて、本当に謎なものしかないんですよ(笑)。ここに来ている大阪の人たちは仮面舞踏会のように七福神の仮面を被って楽しんでいるから、この人たちが画面に映っただけでかなりヤバい世界になっている。ただ監督自身が「異様にしたい」とおっしゃっていたし、物語的にもここはリアルじゃないほうがいいということで、タコやイカの足を入れたりして普通ではありえない空間を目指しました。

関西側の美術デザインについて

大阪や京都を映像で表現する場合、大阪ならでは、京都ならではのモチーフがいっぱいあるので、悩んでしまうことはありませんでした。そういったモチーフをデフォルメしたりおもしろく表現するわけですが、その際に大事なのは、決してリアルにしないということ。これは関東でも同様です。誇張しまくってデフォルメした世界にしないと現実のように見えてしまい、ただディスっているだけになってしまいますから。第1作目のときは、東京が「近未来」、「ベルサイユ宮殿」、春日部が「縄文式」といった感じで地域ごとに完全に振り切った表現をしていました。今回の関西も同じで、大阪だとタコやたこ焼きなどのタコづくし、京都の人は全員顔が白い、滋賀の人は水の上で生活をしているという設定にして、観ている人がはっきりとわかるようになっています。それぞれの軸さえブレなければ、あとは何をしてもいいというのが武内英樹監督の現場。こういった遊びができるのは、すごくやりがいがありますね。

嘉祥寺家のリビング

えびす様の彫刻や小判を置くなどして、とにかく成金の象徴を詰め込みました。あと、僕としてはどうしてもトラのはく製を2体置きたかったので置いたんですけど、ビジュアル的にちょうどいいのがなくてとても苦労しました。「阪」の文字をデザイン化した嘉祥寺家のマークも作っています。このデザインは鎧兜を模したものになっていて、嘉祥寺自身が自分を武人にたとえている感じを形にしました。

嘉祥寺家の祈祷室

ここはセットではなく、ロケで撮影しています。山梨県の甲府にある「幸せの丘ありあんす」という場所なんですが、ロケハンした時点ではどのシーンに使うか決めていませんでした。打ち合わせを重ねるなかで、ここを祈祷室にしようということになりまして。劇中の像は、手から粉が落ちるCGを足しています。打ち合わせ中に監督が「この像をご神体にして、像の手から粉が落ちていたらおもしろいよね」と言い出し、“粉の女神”が誕生しました。やぐらなどはこちらで作ったものです。

京都の小料理屋

「十二単を着ている人がカクテルを飲んでいるといった、ギャップのある映像にしたい」と監督からオーダーがありまして。海外の人たちがイメージする京都を、日本人がさらにオーバーアクションでやった結果、このような映像になりました(笑)。ベースはNHKの時代劇用セットで、それを全部赤くしています。欄干はこちらから持ち込んだもので、ちょっと妖艶な感じも出せればと、中東風の行灯を飾るなどしています。

タコランド

ミニチュアで製作されたタコランド

イメージラフ

「粉もん工場」といいながらも、最初は遊園地のようなイメージでした。検討するなかで監督から「もっとタコの足はウニョウニョしてほしい」との指示があり、ファンタジーというよりもちょっとグロい世界に振り切っています。最終的にはほぼフルCGになりましたけど、クロマキー用の大がかりなセットはこちらで作りました。タコ足の大きな曲線ラインなどはいくつもの台を重ねて山を作り、その上を役者さんに走ってもらったり踊ってもらったりしています。

滋賀解放戦線のアジト

伝説パートの滋賀と埼玉って、作品のポジション的にほとんど同じじゃないですか。なので、文化水準は滋賀も埼玉と同じぐらいにできればと。前作で埼玉の人たちは竪穴式住居で暮らしていたので、滋賀は水上生活者しかいないという振り切った設定になっています(笑)。当初はロケで撮影する予定だったんですけど、いろいろあって全部セットでの撮影になりました。大きいプールを用意し、けっこうな水を入れて波を起こすなどしながら、水の上に家屋が建っている感じを出しています。

武内監督作品に参加する楽しさ

監督はいつもそうなんですけど、スタッフを自由にさせてくれるところがありまして。美術や装飾に関しては、監督が言ったからこうするというよりは、とりあえずこちら側で考えてセットに置いておくんです。監督が先導して衣裳やメイクなどを振り切っているので、「衣裳がこんなにすごいのなら、こっちもこうしよう」とバランスを見ながら作ったりもしました。

さまざまな小物は自主的に作り、それを見つけた監督が笑ってくれたり使ってくれたりするんです。1作目で浜野サザエ・アワビが持っている電話は装飾スタッフが勝手に作ったもので、今作でも勝手に作ったものがいくつか採用されていました。ストーリーと関係のないものを作ったのに、監督から「これ、いいね！」と言われ使われたものもあれば、気づかれないで終わるものもあるのですが、我々としては使ってもらえなくてがっかりすることはありません。制限がないので、みんな自由に遊んでいる感じですね。

通天閣の街並み

じつは、この屋外セットが延期する前のクランクインの場所でした。通天閣の街並みが表現しやすいセットを使わせてもらえることになったので、タコ、イカ、お好み焼きといった大阪的アイコンをたくさん作って飾り込みました。それとここのセットには劇場もあったので、「新世界劇場」という名称にして昭和テイストな“粉もんとお笑いの街”という感じを演出しています。

大阪甲子園球場の地下

粉を作っている工場のセットは、僕らのほうで手がけました。いちおう製造過程を踏まえた作りになっているんですよ。ロケ地の栃木県にある大谷資料館という場所は、実際に行ってみるとかなり広かったので、そのスペースをセットで埋めなければならず、かなりたいへんでした。あと、ここで働いている人たちが奴隷のように見えてしまうと笑いにならないので、大阪にちなんだ標語をいろいろと入れ込んでおもしろくしています。こうした部分を遊ぶことで「やっていることはエグいけど、冗談ですよ！」ということが伝わり、画面全体も和らいだ感じになりました。

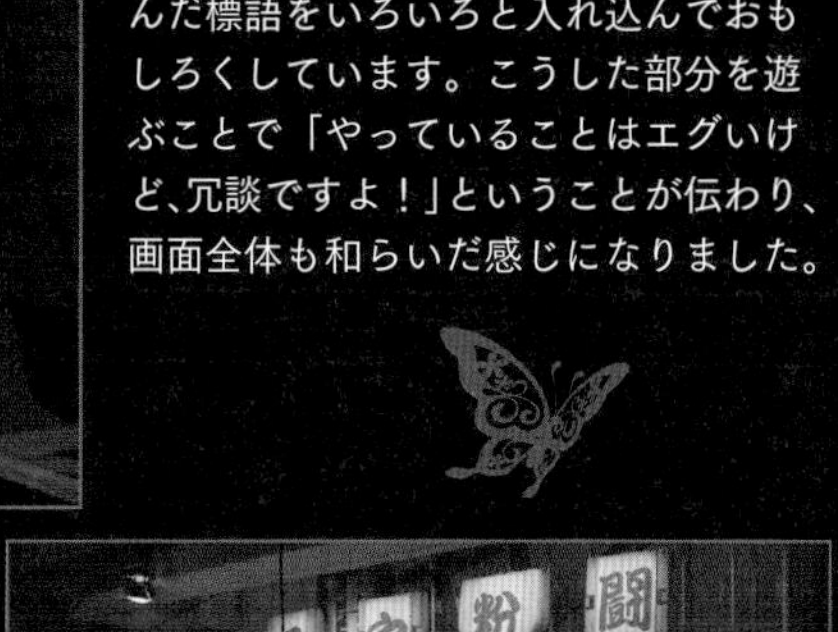

ミルクボーイ

滋賀いじり全国区進出のパイオニア!?

滋賀にスポットを当てた本作だが、それより以前に
「滋賀」という漫才を完成させていた芸人がいた——彼らの名はミルクボーイ。
ご縁を感じた本誌がおふたりを直撃しました！

取材・文／春錵かつら

滋賀の人はもういじられ慣れてるんかな

——ミルクボーイさんは以前から「滋賀」という漫才をされていますが、そのネタを作られた経緯は？

内海「滋賀」はかなり前にできたネタなんですよ。

駒場　2017年ですかね。

内海　それまでは「その部屋に住むわ、住まへんわ」とか「旅館に行くわ、行かへんわ」といった、行ったり来たりの漫才をしていたんですけれど、「駒場が忘れた」っていう漫才に変えまして、最初にできたのが「蕎麦」だったんですよ。「蕎麦か、蕎麦じゃないか」。そのあと忘れたのを駒場からオカンにして、次にできたのがもう「滋賀」ですね。

——なぜそもそも滋賀を取り上げようと思ったのでしょうか？

内海　二文字で言いやすかったんですよ。その次にできたのが「おじや」ですけどね。話を戻しますと、先輩である〝滋賀県住みます芸人〟のファミリーレストランさんとかも見てますし、ずっと関西に住んでいるので滋賀がずっとそういうポジションということはわかってたんで、それをネタに入れたって感じですかね。

——今回、映画の舞台が関西なのですが、それぞれの県の個性や「あるあるネタ」が取り上げられています。おふたりも何かご自身の「地元あるある」をお持ちですか？

内海　うちは兵庫県の姫路市が地元なんですけれど、祭りが盛んなんで、祭りの時期は学校も休みになりますね。会社が休めんてなったらその会社に就職しないかもしれないですね。あと神戸の人は、「兵庫出身」と言わずに「神戸出身」って言いますね。

駒場　僕も奥さんが兵庫出身なんですが、話を聞くと兵庫のなかでも神戸はパワーバランスが上な感じですよね。僕は沖縄や神奈川にも住んでいましたが、横浜の人も「神奈川出身」じゃなくて「横浜出身」って言いますよね。中心地以外はけっこう田舎やのに、都会の雰囲気出しますよね(笑)。横浜では東戸塚に住んでたんですが、けっこう緑豊かなところで。住みやすいけれどね。それを言うと東京の人は東京以外のことみんな「地方」って言うな、って思いましたね。大阪のことも「地方」って言いますよね。地方か？　大阪もまあまあデカいやろって思いますけどね(笑)。

内海　「東京進出しない」って言ったときも「関西ひっそり」とか言われるんで、わけわかんなかったですね。日本で1位は東京ですか？　まあ百歩譲って1位東京としても、2位大阪ですよね？　そう思いません？

「滋賀」のネタは京都のほうがウケる

——前作の『翔んで埼玉』はご覧になりましたか？

駒場　はい。

内海　テレビ放映で観ました。

——でしたら1作目で埼玉イジりはご覧になったと思いますが、ミルクボーイさんのネタにも、イジる、ディスるような〝小さな毒〟ともいえる要素が含まれていると思います。そのあたりの塩梅は、どうやって決めていらっしゃいますか？

内海　ネタを作るときは、代表者があまりいないような取り上げ方をしてますかね。直接的な特定の人がいないような……「これをディスって誰が怒んねん！」というものを対象に選んでますね。「滋賀」とかも、漫才でやって県知事が怒ってくるとかにはならないと思うんで(笑)。

——では、実際に滋賀の人に怒られたりはしなかったのでしょうか？

内海　そうですね。全然怒られたりしませんし、実際いまでも滋賀でこの漫才したら笑ってくれますしね。でも、京都でやったほうがウケますけれど。

駒場　結局、笑い飛ばせるか怒られるかの境界線って、「みんながじつは思っていること」っていうことじゃないですかね。たとえば「コーンフレーク」というネタなんかもそうですけれど、とくに言葉にはしてこなかったけれど、言われてみたらそうだよね！……みたいな。だから、新しいネタをお客さんの前で最初に披露するときは「これくらいならイケるやろ」っていう自分らの塩梅ですかね。お客さんが笑わんときは言いすぎなんだろうってことで。

内海　悪口とかマイナスとかを言うんじゃなくて「そこまでいいもんじゃない」っていう言い方ですかね。『翔んで埼玉』もそうだと思いますけれど、やはりネタにするからにはめっちゃ調べなあかんのですよ。みんなが思っているかどうか、共感できるかどうか。それについてめっちゃ考えるんで、イジられた側も「逆にそこまで知ってくれてるんや」って感じるから、怒らんで、むしろ笑えるっていうのがあると思いますね。

——『翔んで埼玉』原作の魔夜峰央先生はおふたりと同じ大阪芸術大学出身なのですが、ご存じでしたか？

駒場　はい。存じ上げてます。

内海　原作もだいぶ前の作品なんですよね？　僕、『パタリロ！』は小さいころアニメで観てましたもん。

——先日、魔夜先生が「昔はふざけて大阪芸術大学のことを〝大阪芸人大学〟とか呼んでいたけど、ミルクボーイさんのおかげでシャレが本当になったね」とおっしゃっていました。

内海　え、魔夜先生が僕たちのこと知ってくれてるんですか？　それはありがたいですね。

駒場　光栄ですね。今回が関西なら、まだまだそれぞれの地域でネタがあるでしょうから、日本中で続編が作れそうですよ(笑)。

内海　海外もね。

駒場　とりあえず続編、楽しみです。

ミルクボーイ

駒場孝（こまば・たかし）、内海崇（うつみ・たかし）からなるお笑いコンビ。大阪芸術大学の落語研究会で出会い、2007年にコンビ結成。M-1グランプリ2019年優勝、第57回上方漫才大賞大賞受賞など、受賞歴多数。

映画
『翔んで埼玉』シリーズを 100倍 楽しむための 基本ガイド

ここからは前作のおさらいと、続編が作られるまでの経緯、

シリーズをより楽しむための基礎用語辞典など、

『翔んで埼玉』シリーズをさらに楽しむための情報をお届け！

埼玉県の地域性に近畿地方の県民性、

さらにはパート2の舞台となった場所への聖地巡礼の旅まで、

これを読めば、『翔んで埼玉』がさらに楽しめること間違いなし！

現地でのディープな取材で、続編もパワーアップ！

監督
武内英樹×
脚本
徳永友一
プロデューサー
×若松央樹

数々の過激な描写が話題を呼び、2020年の日本アカデミー賞では最多12部門で優秀賞受賞を果たした前作から３年。再び集結したお三方に、本作の製作秘話を伺いました。

取材・文／春銃かつら　撮影／三橋優美子

――満を持しての続編ですが、製作はどの時点で決定したのでしょう？

若松　１作目では笑い話的に続編の話をしていましたが、本格的に動き出したのは１作目の公開が終わったくらいからでしょうか。もっとも、正式に決定したのはそれより先でしたが。

武内　動き出してはいたけれど、前作が日本アカデミー賞を受賞したときも、正式にはまだ決まってなかったよね。

徳永　次があるかまだわからないという段階で、プロットくらいのストーリーは作っていましたね。うねりのない流れだけのものですが。

「次は関西でやってほしい」という声が多かった

――最初にストーリーを作られていたということは、舞台が関西だと決まっていたのでしょうか。

若松　わりと早い段階で関西に決まりましたね。前作は、関西の人にはなかなかピンと来ないこともあったようで、「次は関西でやってほしい」という声も多かったんです。加えて前作は関東が7割くらいの興行だったので、関西でも盛り上がったらうれしいよね、ということで関西になりました。

――1作目の感想は、ネットなどでチェックされていましたか？

徳永　それはもう！　すごくチェックしていましたね。

武内　ネットを見ていると、関西に限らずいろいろな県の方からの声がありましたね。「ウチの場合ならこう」とか「今度は自分の県でやってほしい」とか「ディスりが足りない」とか（笑）。

徳永　日本各地からオファーがありましたよね。

武内　直接、県知事からもありました（笑）。１作目が公開したあと、家族で九州に旅行に行ったんですが、たまたま入ったお店にその県の知事がおられたんです。僕が来ていることを知って席まで挨拶にいらして、「ぜひウチの県で作ってください！」と。その方はもともと埼玉の人だったんですよ。だから前作を観てすごくうらやましく思ってくださったそうで、その後もしばらく熱心にご連絡をいただきました。あいにく関西に決まってしまいましたが……。

若松　いろいろなSNSなどで盛り上がっていただいて「どこどこでやった場合」という感じで大喜利みたいになっていたりして。ありがた

いし、すごく参考にもなりました。

ディスりと愛情の絶妙なバランスを模索

――今作で使用した関西ネタは、どうやって集めたのでしょうか？

武内　先ほど話したネットでの情報なども参考にしましたが、実際に現地に行って取材もしました。大阪、京都、兵庫、滋賀はすべて行きましたね。吉本新喜劇の人と居酒屋に行って飲みながらずっと話を聞いたり。

徳永　2泊3日くらいの日程で、何回も取材に行きました。朝から晩までみっちりと、現地の方を呼んでもらったりしましたね。

武内　最初、会議室で話してもあまり盛り上がらなくて、「じゃあ、このあとちょっと飲みますか」となって居酒屋に行って話すと、じゃんじゃんおもしろいネタが出てくる（笑）。そこで得たネタは、かなり作中で使用させていただきました。

徳永　飲んで「ディスってください！」とかお願いしてましたね（笑）。

若松　京都でも飲みましたよね。

徳永　はい、上品でしたね～（笑）。

武内　そして、噂で聞いていたとおり、本当に本音がまったくわからなかった！（笑）

徳永・若松　（笑）

若松　洛中と洛外の格差の話も、そのときに実感しましたよね。

武内　滋賀はというと、みなさんものすご～く穏やかなんですよ。あれは琵琶湖が邪気を全部吸い取っちゃうんだろうな、やっぱり（笑）。

若松　物語のネタだけでなく、それぞれの空気感というか、県民性みたいなものも取材で得ましたよね。

――劇中で使用した関西のディスりネタの取捨選択や塩梅などは、どのように決めたのでしょう？

武内　会社でも関西は気をつけるようにと言われていたので、これは本当に丁寧にやらないと危険だな、と思っていました。

徳永　とくに大阪とかは、笑いにも厳しいですしね。

武内　なかでも京都人は本当に怖いと聞いていたので（笑）、どうしたらこの難しさを切り抜けられるかなとすごく考えました。結果、デフォルメしまくったんですよ。平安時代みたいにしたら、さすがの京都人も「ツッコむほうがバカバカしいな」と思ってくれるかなと（笑）。

若松　おかげで奈良はいい迷惑だったかもしれないですね（笑）。

武内英樹
たけうち・ひでき
1966年10月9日生まれ。千葉県出身。フジテレビ入社後、ドラマ「みにくいアヒルの子」で初演出。以降、ドラマ「のだめカンタービレ」「デート〜恋とはどんなものかしら〜」、映画『テルマエ・ロマエ』など、数々のヒット作の演出、監督を務める。

徳永　奈良人は出で立ちも奈良時代はおろか、古墳時代ぐらいの設定になっていましたもんね(笑)。
武内　クライマックスの大ネタも、最初の取材のときに決まっていました。「結末はこれにしよう！」と。
徳永　その結末から逆算で作っていった感じです。クライマックスにたどり着くまでに、途中で登場する「白い粉」で遊ぶのか、とか(笑)。
武内　タコランドの「白い粉」ね！　リアルな生地を協力してもらえないかって言ったら、なんと「たこ家道頓堀くくる」さんと「551 HORAI」さんが協力してくれることになって驚きました。
徳永　大阪って、すごく懐が広い。
若松　愛之助さんが「くくる」さんを紹介してくれたんですよ。それがきっかけで「551」さんもご協力くださることになり。
武内　だって「白い粉」だよ？　本当にいいの!?って(笑)。

夫婦共演が決まってから、筆が乗りました

——今作でのキャスティングはどうやって決まったのでしょうか？
若松　まずは今回の要となる「滋賀のオスカル」。当初、男性のキャスティングも考えていたのですが、やはりBL感を大事にするうえで百美が嫉妬する相手となると女性のキャスティングがいいだろうということになりました。そこは滋賀にこだわらず、演技力、姿形《すがたかたち》と、監督とも仕事をしたことがある杏さんの名前が真っ先に挙がりましたね。
武内　藤原紀香さんは4年くらい前にご一緒した席で、一緒に仕事をしたいって話をしていて。今回、神戸市長役にと声をかけたら「絶対やる！」って言ってくれて。
若松　大阪府知事役については、紀香さんの旦那さんである愛之助さんが大阪出身でいらっしゃるのでダメもとでお願いしてみようって行ったら、快諾してくださったんです。
徳永　そうしたら、脚本がどんどんきわどい夫婦ネタになっていって。いやあ、筆が乗りましたね(笑)。
武内　むちゃくちゃおもしろがって作っちゃって、ホントひどいよね！　よくやってくれたなあ(笑)。
若松　また、川﨑麻世さんがすごくいい味出してくれてね。
徳永　キャスティングでどんどん脚本も変わっていきますよね。ほぼ当て書きみたいなものなので。
武内　最初、杏さんの役の通り名は「滋賀の貴公子」だったのですが、杏さんがパリに移住されたことで、そこも織り込ませてもらい、通り名が「滋賀のオスカル」になったんです(笑)。パリ帰りの設定だったら滋賀弁が抜けて半分標準語で話しても、違和感ないかなと。
徳永　脚本は、いまの話みたいにおもしろいネタがあったらどんどん追加していきますし、監督のなかでイメージが膨らめばそれも加えたり、もちろん取材に行っても変わりますから、クライマックスに向けて継ぎ足し継ぎ足しで完成していったような感じです。撮影が1年延期になったことによって、さらに追加で取材もできましたし、より分厚くなったなあという感じがします。
若松　大幅にカットしてもったいなかったネタもいっぱいありましたね。
徳永　梅田ダンジョンの案はぎりぎり最後まで残っていましたね。
武内　ダンジョンに迷い込んで逃げるのをゲーム画面みたいにするとかね。甲子園の入場シーンも、茨城代表は納豆の格好してるとか、秋田代表は犬ぞりで出発して犬しか到着しないとか(笑)。全部入れてたら2時間半くらいになっていたかも(笑)。
——今回の現場の雰囲気もお話を聞

いていると、とても楽しそうです。

武内　本当に楽しかったですね。毎日が文化祭みたいでした。あと、「なんでこんなくっだらねえ映画を作ってるんだろう？」と毎日思いながら撮っていました（笑）。

若松　クランクインが「タコランド」のシーンだったんです。そんなわけで、「なんの映画を撮っているんだろう？」と初日から思っていました（笑）。

武内　しかもクロマキー（合成用の撮影）だったので、緑色の背景の前で演者さんただがひたすら踊っているという……（笑）。

徳永　タコランドのシーンは、ぜひ注目してほしいですね。

若松　あと、僕は観客のみなさんにとび太で泣いてほしいなあ！

武内　僕としては、現代パートのくわばたりえさんにも注目してほしい。ささやかな大阪フォローにも！

――前作でもとても評判だった有名人対決などでのネタは、許可を取られているんですよね？

武内　それはもちろん！　前作があるおかげで「こういう使い方されるのね」と認知されていたので、今回はまったく断られなかったですね。じつは前作のときは、何人か断られました（笑）。

若松　ネタ自体はかなり悩みましたよね。同じことやってもしょうがないので、前作を超えなければと。

武内　ひねりだったり、前作とは違う何かしらを考えていくなかで、京都はいちばん悩みましたね。

若松　著名人の出身地については調べまくったので、誰がどこの出身かは相当覚えました（笑）。

武内　リストアップして表を作ってね。さすがにもう埼玉県人もそろそろいなくなってきたなとか言って。

徳永　やばいやばい（笑）。

武内　でも、埼玉出身者は本当に層が厚いよね。アナウンサーの方も多いですし。

――さらに続編という話も出ているのでしょうか？

若松　いやあ、どうですかね（笑）。

徳永　今作がどうなるかですよね。

武内　炎上するかもしれないし（笑）。ドキドキ……。

――「海外はどうですか？」という話もありますが。

徳永　ぜひ行きたいですね！

武内　予算を出してくれ！（笑）

徳永友一
とくなが・ゆういち

1976年生まれ。神奈川県出身。脚本家。ドラマ「海月姫」「グッド・ドクター」「ルパンの娘」、映画『ライアー×ライアー』など、多くの話題作の脚本を担当。放映中のドラマ「ONE DAY～聖夜のから騒ぎ～」の脚本も務める。

若松央樹
わかまつ・ひろき

1968年11月21日生まれ。福島県出身。フジテレビプロデューサー。ドラマ「のだめカンタービレ」、「最後から二番目の恋」や、映画『帝一の國』など、数々のヒット作をプロデュース。2018年、『翔んで埼玉』の製作により藤本賞特別賞を受賞。

CHECK!

魔夜峰央先生も驚いた第１作目の衝撃！

映画『翔んで埼玉』を再検証！

強烈なビジュアルと世界観、そして「埼玉県人にはそこらへんの草でも食わせておけ！」など数々のパンチラインが爆笑を生んだ第1作。パート２をさらに楽しむためにも、前作をしっかり振り返っておこう！

恐ろしい格差社会

本作の世界では、東京人は裕福で上品な環境。対して埼玉をはじめとする地方は、貧乏で生活様式もはるか昔となっている。最下層にいる下川信男（加藤諒）ら白鵬堂学院Z組の暮らしは、憐れさを通り越して笑わずにはいられない。

ストーリー&見どころ

文／山本俊輔

『パタリロ！』で知られる魔夜峰央による同名マンガを、『テルマエ・ロマエ』などのヒットメーカー武内英樹監督が実写映画化。

埼玉県人は東京都民からひどい迫害を受けており、通行手形がないと東京に出入りすらできず、手形を持っていない者は見つかると強制送還されてしまっている世界でのお話。

東京の超名門校・白鵬堂学院では、都知事の息子・壇ノ浦百美（二階堂ふみ）が生徒会長としてヒエラルキーの頂点に君臨していた。そこに現れたのがアメリカ帰りの転校生・麻実麗（GACKT）。しかし麗の正体は隠れ埼玉県人で、手形制度撤廃を目指して活動する埼玉解放戦線の主要メンバーだった。そんな麗に同性ながら恋に落ちた百美は、彼とともに埼玉を解放する闘いに身を投じるのだが……。

強烈なディスり&ローカルネタに拒否反応が起きるかと思いきや、映画は日本全国で大ヒット。のみならず、ヨーロッパや北米の映画祭でも絶賛され、数々の賞に輝いている。

豪華共演陣

中尾彬、武田久美子、麿赤兒、竹中直人などの豪華ベテラン陣が脇を固め、本気の芝居で笑わせてくれる。とくに埼玉デュークを演じた京本政樹は、人毛の白髪カツラを特注して臨むほど気合いが入っていた。

男同士のラブロマンス

本作で二階堂ふみは男性役に初挑戦。相手役は美形で中性的な魅力を持つGACKT。ふたりの恋愛模様は性別を超え、原作の多様性を生き生きと表現している。二階堂も、この役を楽しんで演じたとのことだ。

現代パートによるマリアージュ

麗や百美が活躍する伝説パートと並行して描かれる、菅原家による現代パート。武内英樹監督は、この現代パートがあったおかけで、より振り切ったネタができ、ダレ場をなくすことに成功したと語っている。

埼玉VS.千葉最終決戦！

現実でも東京、神奈川に次ぐ関東No.3の座をかけて対抗意識を燃やす埼玉と千葉。そんな両県が決着をつけるべく、ついに激突するという白熱の展開が映画のなかで実現。思わず爆笑する決闘方法も必見だ。

新宿都庁前での迫力ある撮影

クライマックスにある東京都庁前での群衆バトルシーンはド迫力。車道4車線を封鎖して撮影を敢行しており、都庁内での撮影はないものの、内容が内容だけに観る側もドキドキする映像に仕上がっている。

強烈オリジナルキャラクター

千葉解放戦線の女性コンビ、浜野サザエ（小沢真珠）と浜野アワビ（中原翔子）をはじめ、原作に登場しないアクが強いオリジナルキャラクターたちが続々と登場するのも見どころのひとつとなっている。

『翔んで埼玉 ～琵琶湖より愛をこめて～』
基礎用語辞典

文／山本俊輔

【ア行】

うみのこ
滋賀県が保有する学習船の名称。滋賀県の小学5年生はこの「うみのこ」に乗船し、1泊2日の航海に出る。この間に、琵琶湖のことや滋賀のことをさまざまな面から学習する。〝湖に浮かぶ学校〟こと「びわ湖フローティングスクール」がこの事業の正式名称。なお、劇中に登場する「うみのこ」は実際のものとは異なる船である。

梅田ダンジョン
大阪の中心地である梅田の地下は、その複雑すぎる構造から「梅田ダンジョン」と呼ばれている。おもな理由として、「JR大阪駅をはじめとして8つの路線の駅が集中しており、似たような名前の駅が多くてわかりにくい」「利用する改札口によって行き先が異なる」「数カ月ごとにどこかでリニューアル工事が行われ、道が通れなくなったり、新しい道ができている」「道が迷路のようになっていて、数回曲がると方向感覚を失う」などがある。その構造のややこしさから大阪府民ですら迷ってしまうことが多く、予備知識のない観光客らはたびたび苦しめられている。

梅干し
栽培面積5620ha、出荷量68800t（平成21年調べ）ともに全国1位で、和歌山県を代表する特産物のひとつ。県内では、みなべ町と田辺市で多く栽培されている。和歌山県南部地域は、黒潮の影響で1年を通じて気温の変化が少なく、温暖で雨量が多く日照時間も長いことから、梅の栽培に適している。和歌山で収穫される梅のほとんどが最高級種として知られる「紀州南高梅」であり、この梅干しは、テレビやラジオのショッピング番組でもたびたび目玉商品として取り上げられている。近年はとろ～り甘い「スイートはちみつ梅」も人気となっている。

大阪・関西万博
正式名称は「2025年日本国際博覧会」。略称は「大阪・関西万博」。期間は令和7年4月13日～10月13日までの184日間、世界中から150を超える国・地域および国際機関が、「いのち輝く未来社会のデザイン」というテーマのもとに参加し、展示、催事（イベント）を行うほか、さまざまな交流が行われる。開催場所は、大阪市に作られた人工島「夢洲」。万博公式キャラクターのミャクミャクは宇宙人のような不思議な風貌をしており、「気持ち悪い」「でもクセになりそうなかわいさ」など賛否を呼んでいる。

大宮アルシェ
正式名称は「ARCHE（アルシェ）」。別名「大宮西武ビル」。平成6年にオープンした、埼玉県さいたま市大宮区の大宮駅西口にある複合商業ビル。ファッション、アミューズメント、飲食など、さまざまなテナントが入っており、イベントも開催される。また、5階のCDショップHMV大宮アルシェ内には、FM NACK5のサテライトスタジオ「スタジオアルシェ」があり、人気番組の公開生放送が行われている。劇中では、浦和チームの主将が大宮チームに対し、「うちが勝ったら、大宮アルシェを潰して浦和アルシェを造る！」と勝負の代償になった。

沖の白石
竹生島、多景島、沖島と並んで、琵琶湖にある4つの島のひとつ。島といっても形は島らしくなく、安曇川河口の東約5.5㎞の湖上に突き出している4個の岩のことを指す。いちばん高いところで高さ14mほどあり、このあたりの水深が約80mであることから、岩の全長は100mを超すといわれている。「白石」の名前の由来は諸説あるが、日没時に岩が太陽光で白く変化することに因む、という説が有力。劇中では「日本のアルカトラズ」と呼ばれ、麗の父である埼玉デュークが東京に刃向かったために島流しにされた場所として登場する。

【カ行】

岸和田だんじり祭
大阪府岸和田市で毎年9月と10月に開催されるお祭り。江戸時代中期に始まり、300年以上の歴史と伝統を誇る。最大重量4tを超える「だんじり（祭礼に奉納される山車を指す西日本特有の呼称）」を400～1000人の男衆が2本の綱で曳き回し、荒ぶる魂をぶつけるかのように猛然と町中を駆け抜ける姿は圧巻である。なお、劇中では「関西最強部隊」として「岸和田の男たち」が決戦に呼びだされるが、祭りのため参加しなかった。このイメージは不良映画『岸和田少年愚連隊』や、「だんじりファイター」と呼ばれた岸和田市出身の清原和博などから引用されているのは間違いないだろう。

形態
嘉祥寺府知事の目論む壮大な計画は、大阪甲子園球場の地下にある粉物工場で製造される〝白い粉〟を人体に摂取させることによって、すべての人間を大阪人化するという恐るべき計画である。白い粉の摂取量によって大阪人化の形態が進み、第一形態で

劇中に登場した「うみのこ」

滋賀県のナンバープレート

県人ショー

551HORAI

は言語機能が異常を来たし、話す言葉がすべて大阪弁になる。第二形態になると、会話中に「なんでやねん!」と大阪ツッコミをするようになる。第三形態では、吉本新喜劇ばりのズッコケリアクションが止まらなくなる。そして第四形態では、新喜劇の名物ギャグがやめられなくなり、ついに第五形態で完全なる大阪人として完成するのである。

ゲジゲジ

滋賀県のナンバープレートは、「滋」という字の「幺」の部分が、ゲジゲジ(ゲジ目に分類されるムカデの総称)の形に似ているという理由から、ほかの京阪神の人々から「ゲジゲジ」「ゲジナン」などと呼ばれて揶揄されている。劇中では、山村紅葉扮する京都の女将が「ゲジゲジの滋賀県人は、そこらへんの害虫でも食べといたらよろし」と最大級の悪罵を投げつけるが、事実、ゲジゲジはゴキブリなどを捕食し、毒も持たない益虫として知られているため、滋賀県人はそのあたり誇っていいと思う。

県人ショー

大阪人を楽しませるために、アポロンタワーの各フロアで開催されている残酷ショー。和歌山県人は鼻や耳の穴に梅干しを詰め込まれ、梅干しの種を踏まされる、滋賀県人は鼻の穴に鮒寿司を詰め込まれ、スイカ割りのごとく信楽焼を割らされる、奈良県人は鹿のコスプレをして、鹿印せんべいの奪い合いをさせられるなど、ひどい見世物が繰り広げられる。

551HORAI

大阪市を中心に関西地区に展開している、中華料理の有名店。豚まんの持ち帰り販売がとくに有名で、大阪名物のひとつとなっている。ちなみに蓬莱の社歌を作曲したのは、「浪花のモーツァルト」ことキダ・タロー。

【サ行】

埼玉県民の日

明治4年に廃藩置県が行われ、11月14日(旧暦)に埼玉県が誕生した。埼玉県では、それからちょうど100年後の昭和46年に11月14日を「県民の日」に制定した。県内では毎年この日は公立の小中学校・高校は休みとなり、各地でさまざまなイベントが開催される。しかし、県民のほとんどは県外にあるあの夢の国に行っているとか……。

サラダパン

滋賀県で大人気の名物B級グルメ。千切りたくあんをマヨネーズであえて、コッペパンに挟むというじつに独創的な総菜パンだ。滋賀県長浜市にあるパン屋「つるやパン」がその生みの親。1950年代後半に創業者の妻が、キャベツをマヨネーズであえてパンに挟んだ「初代サラダパン」を考案。しかしキャベツは日持ちしないことからほどなく販売中止となり、代わりに千切りたくあんを使用するようになった。一時期は小学校の給食で提供されたり高校の購買部でも売られていたことから、滋賀県人の生活に根づいたソウルフードになっている。

滋賀作(しがさく)

「ゲジゲジ」と並んで他府県民(おもに京都府民)が滋賀県人を見下すときに使用する言葉。語源は「滋賀+田吾作」で、田吾作とは田舎者や農民をバカにするスラングである。滋賀県人は「滋賀作」と呼ばれることを本気で嫌がっているようで、一部の滋賀県人が「滋賀作と呼ばないで!」と訴えるブログまで開設している。

鹿印せんべい

劇中では、奈良県人が鹿のコスプレをして奪い合いをするという偏見に満ちた県人ショーのシーンで登場する。本来の鹿せんべいは、奈良県奈良市の奈良公園周辺に生息している野生の鹿へ観光客が与えるために販売されているエサのこと。材料は米ヌカと小麦粉でできており、砂糖などは不使用。人間でも食べることはできるが、衛生上食べないほうがよいし、おいしくはない。ちなみに鹿せんべいは「奈良の鹿愛護会」という団体が公認した工場のみで製造されており、同団体が製造した帯(証紙)で束ねられた商品以外はモグリということなので注意が必要である。また、奈良公園の鹿に鹿せんべいをあげるときにあまりじらすと手をかまれる恐れがあるので、こちらも気をつけないといけない。

滋賀ポーズ

桔梗ら滋賀解放戦線のメンバーが郷土愛を表すためにするポーズ。両手の親指と人差し指で輪を作り、手を裏返して鳥のような形を作る。中央の丸は琵琶湖を表し、琵琶湖を中心に円と翼で滋賀県の調和と発展を表現している。麗たち埼玉解放戦線が取る埼玉ポーズとよく似ていることから、埼玉・滋賀両県の深いつながりを暗示させるものになっている。

信楽焼(しがらきやき)

滋賀県甲賀市信楽町周辺で作られている陶磁器。陶土に木節(きぶし)、実土(みづち)、蛙目(がいろめ)などの粘土や原料を合わせて練るため、コシが出て肉厚な焼き物や大きな焼き物を作ることができる。信楽焼のなかでもとくに有名なのはタヌキの置物で、商売繁盛の縁起物として店先や玄関、

サラダパン

滋賀ポーズ

信楽焼

渋沢栄一

庭などに置かれている。劇中では滋賀県人が無理やりスイカ割りのごとく信楽焼割りをさせられる残酷な県人ショーのシーンで登場する。

渋沢栄一（しぶさわ・えいいち）

埼玉県深谷市出身の実業家。明治維新後、民部省に勤めて貨幣や銀行の制度の調査立案を手がけた。退官したのち、第一国立銀行（現・みずほ銀行）、王子製紙、東京海上保険（現・東京海上日動火災保険）をはじめ約500社の設立に関わり、「日本の資本主義の父」と呼ばれている。近年はNHK大河ドラマの主人公になったり、新1万円札の顔に採用されるなど、これまで歴史的な偉人がいなかった埼玉県にとって、渋沢ブームは大いなる追い風になっている。しかしこれらのブームも、じつは埼玉解放戦線の活動による成果だということは、まだ知られていない。

しらこばと水上公園

埼玉県越谷市とさいたま市岩槻区にまたがる総合レクリエーション施設。昭和54年6月に開園し、公園の総面積は31・1ha。流水プール、スライダープール、もぐりプール、さざなみプールなど9つのプールのほか、自転車広場、ミニチュアゴルフ、バーベキュー場など、四季を通して子どもから大人まで楽しめるアミューズメントパークである。海なし県である埼玉に、広大なビーチを造ることは埼玉県人の悲願であった。ちなみに実際のしらこばと水上公園のビーチの砂はオーストラリアから運び込まれたもの。

白浜

和歌山県南西部にある、白砂の浜。西牟婁郡（にしむろぐん）白浜町に位置する。別名「白良浜（しららはま）」。千葉や伊豆など他県にも存在する「白浜」という地名と区別する意味で、紀伊半島あるいは旧紀伊国（和歌山県）の南を意味する「南紀」を冠して「南紀白浜」と呼ばれることもある。海水浴場や温泉街などを有し、古くからの観光地として知られている。劇中では、和歌山解放戦線のリーダーである和歌山の姫君がその清らかな祈りによって、白浜を白く美しく輝かせているという設定である。

「知らんけど」

もともと関西で使用されていた表現で、文字どおり「私は知らないけど」という意味。誰かに何か質問をされて答える際に、あまり答えに自信がなかったり確信がない場合、語尾に「知らんけど」をつけることで答えを曖昧なニュアンスにして断定を避け、責任を回避することができる。近年はZ世代がSNSで使用したことによって関西以外の地域でもポピュラーになり、令和4年の「新語・流行語大賞」にノミネートされるまでになった。劇中では〝白い粉〟によって言語機能に障害を来したおかよら埼玉解放戦線の面々が使っている。

「人生たまたま…埼玉で」

FM NACK5の人気番組『GOGOMONZ』から生まれた、埼玉のご当地ソング。平成27年リリース。歌っているのは、埼玉県鴻巣市が生んだエンターテイナー・さくまひできと謎の演歌歌手・ゆうかりしずる。埼玉県内のあちこちでたまたま出会う男女のめぐり逢いを歌っている。NACK5ではヘビロテでオンエアされ、サビで「たまたま」を連呼することから、そのフレーズが耳から離れないともっぱらの評判。劇中では、前作で挿入歌として使用されたさいたまんぞうの『なぜか埼玉』に代わり、内田一家の車のカーラジオから流れてくる。

瀬田川洗堰（せたがわあらいぜき）

滋賀県大津市を流れる瀬田川の、田上黒津町と南郷一丁目の間に設けられた堰。明治29年の琵琶湖大洪水を契機に、古くからの念願であった琵琶湖の水位調節のため造られた。このときの堰の跡は一部が残るだけで、新しい洗堰は近代的設備を備え、昭和36年に完成したものである。劇中では瀬田川洗堰の水門を閉じ、琵琶湖の水を止めようとする。

せんとくん

奈良県のマスコットキャラクター。平成22年に開催された「平城遷都1300年祭」公式マスコットとして、平成20年2月12日に誕生。童子に鹿の角が生えたキャラは「気持ち悪い」「おっさんくさい」などと一部で不評を買ったものの、逆にメディアで何度も取り上げられているうちに人気キャラクターとして定着した。また、お笑いコンビTKOの木下隆行は、容貌が似ていることからせんとくんが登場して間もないころからコスプレでモノマネして評判を呼び、平成21年にはせんとくんのオフィシャル応援隊に就任、イベントでせんとくん本人との2ショット共演も果たした。

【タ行】

高田馬場のコットンクラブ

正式名称は「カフェ コットンクラブ」。昭和59年、新宿区高田馬場に開店。バブル真っ只中の当時はカフェバーブームで、オーセンティックなバーは夜遊びに敏感なヤングたちの遊び場になった。当時から現在に至るまで、気軽に入れるチャージなしのアメリカンスタイルを貫いているおしゃれな

劇中に登場したしらこばと水上公園

劇中に登場した白浜

高田馬場のコットンクラブ

田んぼアート

ジャズバー。劇中では埼玉解放戦線の大宮支部長がここに「モスコミュールを飲みに行く」と発言するなど、埼玉県人憧れのナイトスポットとして描かれている。

タワー

日本人は高いところが好きなようで、何かの記念にタワーが造られてきた歴史がある。関東圏では、東京タワー、東京スカイツリー、千葉ポートタワー、横浜マリンタワーなどが有名だ。関西タワーの雄・通天閣は、明治45年7月に娯楽施設ルナパークのシンボルタワーとして、凱旋門にエッフェル塔を乗せたようなフォルムで建設された。これが初代通天閣である。高さは約75mで当時東洋一の高さを誇り、名前の由来は「天に通じる高い建物」との意味である。昭和18年1月に初代通天閣は火災にあって解体された。現在建っているのは、昭和31年に地元住人の運動により再建された2代目である。

田んぼアート

行田の「古代蓮の里展望タワー」からは、眼下にしつらえられた田んぼアートを鑑賞することができる。『翔んで埼玉〜琵琶湖より愛をこめて〜』とのコラボデザインで、麗と百美の顔が描かれた田んぼアートも行われた。

乳首ドリル

吉本新喜劇のメンバー・吉田裕とすっちー（すち子）が共同で行うギャグネタ。正式名称は「ドリルすんのかいせんのかい」。まずすち子が棒で吉田の胸をしばき、次に服を脱がせる。そして棒の先端で吉田の乳首をグリグリする（時計回り）と、吉田が「乳首ドリルすな！」とツッコむ。グリグリ→「乳首ドリルすな！」→グリグリ→「ドリルすな！」→グリグリ→「すな！」を何度も繰り返す。だいたい2分くらい続けてギャラリーが飽きてきたところで、唐突にすち子が吉田のつま先・あご・脇を棒でしばき、吉田が最後に「ドリルせんのかい！」とツッコむ、というのが一連。劇中では捕らえられた麗が、着衣のまま嘉祥寺に乳首ドリルフェイントをかまされ、苦悶の表情で「しないのか……」とツッコむシーンがある。

竹生島（ちくぶしま）

琵琶湖北部にある無人島で、島全体が国の名勝・史跡に指定されている。日本三大弁天のひとつを祀る宝厳寺や、国宝・都久夫須麻神社（つくぶすまじんじゃ）などを有し、「神がいつく島」と呼ばれパワースポットとしても有名。劇中では神戸市長が「竹生島だけは欲しい」と野望を披露している。

通行手形

前作では東京都知事が通行手形制度を取り決め、手形を持たない埼玉県人及び千葉県人の東京への流入を厳しく規制したが、なんと通行手形は、関西にも存在していた。大阪府知事・嘉祥寺晃は、和歌山県の白浜を「大阪人のリゾート地」として占拠。大阪人以外で利用できるのは、通行手形を持った京都、神戸、芦屋の住人のみと制定した。これに違反した者は、大阪甲子園球場地下で強制労働に従事させられることになる。

通天閣（つうてんかく）

通天閣を有する大阪市浪速区恵美須東界隈は「新世界」と呼ばれ、大阪有数の観光スポットとして知られている。大阪きっての下町気質を誇る界隈であり、近隣には西成、釜ヶ崎、飛田新地などのディープスポットが数多く存在するため、昭和から平成の初期ぐらいにかけては地元大阪府民からも悪評を被っていた。しかし平成後期から令和にかけては、地元民のクリーン化運動やインバウンドの観光客誘致の活動が実り、安心・安全で足を踏み入れやすい人気観光地として成功を遂げた。

都構想

政令指定都市である大阪市を廃止し、東京23区のような複数の特別区に再編する制度。都市計画や成長戦略などの広域行政は府に一本化し、福祉やごみ収集など住民に身近な行政は特別区に、というすみ分けを明確化。府と市で権限が重なる「二重行政」を解消し、効率化するのが狙いだった。大阪維新の会が構想した大阪都構想については、二度にわたって住民投票が行われたが、いずれも反対多数で否決されたため、事実上、廃案となった。劇中の嘉祥寺府知事は都構想の野望が潰えたことで、新たな壮大な計画に舵を切り、関西全体がとんでもないことになる。

都道府県魅力度ランキング

その名のとおり、毎年集計される都道府県の人気ランキング。提示した地域名に対して「どの程度魅力的に思うか」と質問し、「とても魅力的」を100点、「やや魅力的」を50点、「どちらでもない」「あまり魅力を感じない」「まったく魅力的でない」をいずれも0点として、それらの回答を自治体ごとに集計し、点数として算出したもの。2022年度は、1位北海道、2位京都、3位沖縄が上位を占めた。ランキング40位以下の不人気県は「アンダーフォーティーズ」と称され、作中では40位から順に栃木、徳島、鳥取、山口、群馬、埼玉、茨城、佐賀という顔ぶれ。ちなみに本作でクローズアップされた滋賀県は、かろうじて38位に

通天閣

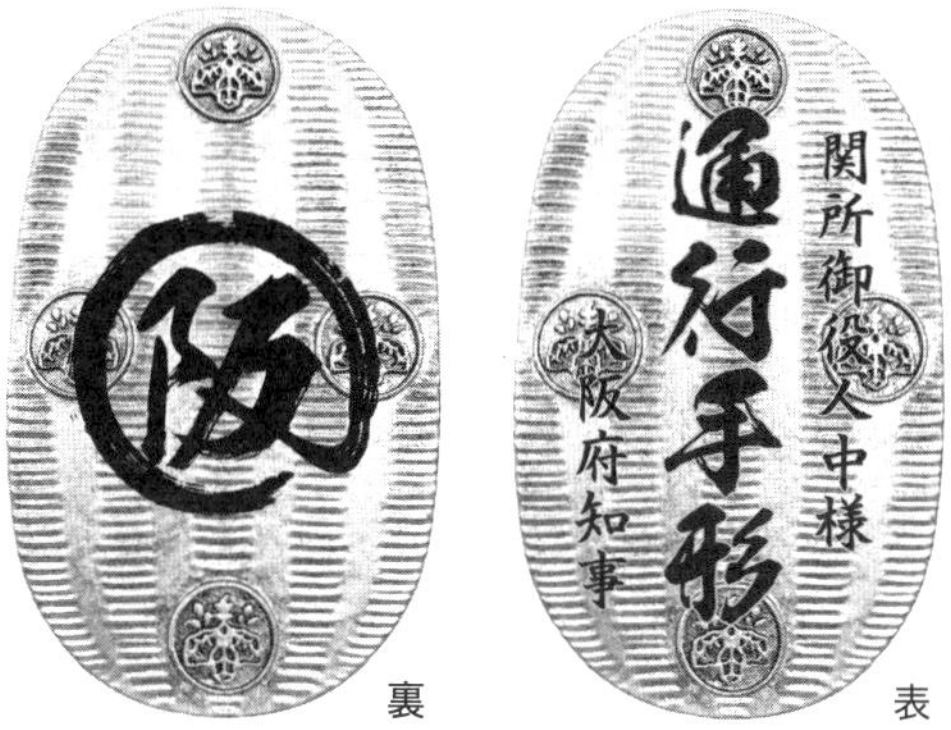

通行手形
表
裏

劇中に登場したとびだしとび太

NACK5公式キャラクター「らじっと君」

ランクインしている（令和4年調べ）。これも琵琶湖のおかげか。

とびだしとび太

おもに滋賀県内の通学路などに設置されている、交通安全のための人型看板。「飛び出し坊や」「とび太くん」などとも呼ばれ、滋賀県民から愛されている。最近では、大津市の小学校近くに設置された、遣隋使・小野妹子バージョンや、近江八幡市の船頭バージョンなど、さまざまなアレンジデザインが登場している。劇中では大阪軍の進路に配置されて進軍を防ぐ役割を果たすなど、活躍を見せた。

鳥人間

毎年7月、滋賀県彦根市の琵琶湖畔で開催されている、自作の人力飛行機の滞空距離および滞空時間を競う競技会。正式名称は「鳥人間コンテスト選手権大会」という。主催は大阪の地上波テレビ局・読売テレビ放送で、その模様は毎年同局が加盟している日本テレビ系列のテレビ局でスペシャル番組として放映される。劇中では、滋賀解放戦線のメンバーが大阪陣営に攻め込む際に、「鳥人間」と呼ばれる部隊が人力飛行機で琵琶湖を飛び越えようとしたものの、全員距離が届かず、あえなく湖に落下してしまった。

【ナ行】

NACK5（ナックファイブ）

埼玉県さいたま市大宮区に本社を構えるFMラジオ局。FM放送局大量乱立時代の昭和63年にFM埼玉として発足。その後放送周波数79・5MHzから取った愛称「FM795」から発展して、現在のFM NACK5となった。関東圏のFM局で1、2位を争う聴取率を誇っており、地域密着の放送局のため大小さまざまな埼玉県内のCMスポンサーが多いのが特徴。前作でも埼玉解放戦線の伝説パートと、現代パートをつなぐラジオ局として活躍し、続編でも重要な役割を果たしている。

西日暮里のブルームーン

東京都荒川区西日暮里にあるカフェバー。劇中では高田馬場のコットンクラブと並び、埼玉県人が行ってみたい東京のおしゃれスポットとして名前が挙がっている。令和5年5月に惜しまれつつ閉店。10月には再開のためのクラファンを実施した。

日本埼玉化計画

埼玉解放戦線の麻実麗らが推進する、これといった特色のない埼玉の文化を、秘密裏に日本全国に広める運動。前作では関東圏の通行手形の撤廃に成功し、埼玉県人の行動範囲を広めることに成功した。

【ハ行】

パチパチパンチ

吉本新喜劇のメンバー・島木譲二の持ちギャグ。上半身裸になり、「大阪名物パチパチパンチや！」と叫んで胸を左右交互に叩くパフォーマンス。もうひとつ島木の持ちネタとして、両手に持ったアルミの灰皿で頭を叩く「ポコポコヘッド」があり、いずれも体を張ったギャグである。

「鼻の穴に指突っ込んで奥歯ガタガタ言わしたろか！」

関西人が相手を脅したり罵倒したりするときに使うフレーズ。起源は、昭和30年代に放送された「てなもんや三度笠」にて、藤田まこと演じる「あんかけの時次郎」のセリフ「耳の穴から指突っ込んで奥歯ガタガタ言わせたる」といわれている。その後、吉本新喜劇の岡八朗がアレンジを加え、「ケツの穴から手ぇ突っ込んで、奥歯ガタガタ言わせたろかい」として使用していた。

パンダ

日本でパンダを見られるのは3カ所だけ。東京の上野動物園、兵庫の神戸市立王子動物園、そして和歌山のアドベンチャーワールドで、和歌山には4頭のジャイアントパンダが暮らしている。アドベンチャーワールドは、1年を通して温暖な気候。また水や空気もきれいで主食である新鮮な竹が豊富にあるため、パンダにとってはとてもいい環境となっている。劇中では、麗と桔梗が進んでいく和歌山の獣道に野生のパンダとして登場。麗が「なんだ、あの白と黒が混在した生き物は？」と尋ねているので、麗はパンダの存在を知らなかったようだ。

彦根城

滋賀県彦根市のシンボル。幕末の大老・井伊直弼（いいなおすけ）を生み出した井伊家が、14代にわたって藩主を務めていた。重要文化財の櫓や、国指定の名勝・玄宮園などを有しており、1年を通して多くの人々が訪れる観光スポットである。劇中では琵琶湖の水門を止めることによって滋賀が水没してしまうことから、近隣住民を避難させる場所として登場した。

ヒョウ柄

大阪の派手なおばちゃんが着ている服の柄で有名。大阪は言わずと知れた商売の街であり、物を買うときには「いいものを安く」「高くていいのは当たり前」という意識があり、高そうに見えるものを安く買うことへの満足感が大きいという。その発想

劇中に登場したパンダ

劇中に登場した鮒寿司

「ぶぶ漬け出したろか」

劇中に登場した平和堂ＨＯＰカード

でいくとヒョウ柄は、お金持ちファッションイメージである毛皮の廉価版という位置づけになる。ちなみに「アニマル柄ファッションが似合う女性有名人ランキング」では、第1位の浜崎あゆみに続いて、第2位に倖田來未(京都出身)、第3位に杉本彩(京都出身)と、2名の関西人が名を連ねている。

「琵琶湖周航の歌」

琵琶湖の美しい自然と周航のロマンを情緒豊かに表現した歌で、滋賀県民のソウルソングである。大正6年、滋賀県高島市（旧・今津町）で旧制第三高等学校（現・京都大学）の学生・小口太郎が作った詞をほかの学生たちが「ひつじぐさ」の曲にのせて歌ったのが始まりで、昭和46年には加藤登紀子がカバーして大ヒットした。そのほか、ペギー葉山、フランク永井、都はるみ、小林旭、渡哲也、倍賞千恵子など名だたるタレントたちがレコードを出している。劇中では、滋賀県人たちが郷愁を込めてこの歌を合唱する。

琵琶湖の水門

琵琶湖から水が流れ出る先はふたつしかない。琵琶湖疏水と瀬田川だ。水を止めるのであれば琵琶湖疏水と瀬田川洗堰の水門を閉じればよい。滋賀県人が使うジョークで「琵琶湖の水止めたろか」というのがあるが、これは歴史的に琵琶湖や淀川水系の治水・水利を巡る対立相手であった京都・大阪府民からバカにされた際、対抗心を表すために用いられる。しかし実際には、琵琶湖から流れ出る水を止める権利は滋賀県にはなく、国や京都市上下水道局の許可が必要である。

鮒寿司（ふなずし）

滋賀県の郷土料理で、現存する最古の寿司。琵琶湖で取れるニゴロブナを塩漬けにしたのち、炊いたご飯を重ねて漬け、自然発酵させる。その発酵した臭いたるや強烈なもので、鮒寿司は「世界臭い食べ物ランキング」で第6位にランクインしている（ちなみに第5位は「焼きたてのくさや」、第7位は納豆）。劇中では滋賀解放戦線が大阪軍の進撃を止めるため、鮒寿司の激臭できりきり舞いさせた。

「ぶぶ漬け出したろか」

ぶぶ漬けとは京都でいうお茶漬けのこと。京都人が「ぶぶ漬けでもどうどす?」と言ったら「早く帰ってほしい」という意味だというまことしやかな伝説が存在した。しかし本来の意味は「大したおかまいはできないけれど、せめてぶぶ漬けでも食べてゆっくりしていってください」という京都流のソフトな表現で、現在では嫌味として使われることはあまりなく、好意的な意味で捉えることが一般的である。

平和堂ＨＯＰカード

平和堂は滋賀県彦根市に本社を置くスーパーマーケットチェーン。平成元年より、平和堂全店と提携店舗で使用できるポイントカード「ＨＯＰカード」が導入された。「ＨＯＰ」は「Ｈｅｉｗａｄｏ Ｏｒｉｇｉｎａｌ Ｐｏｉｎｔ」の略。年会費は無料だが、再発行のときは１００円かかる。貯まったポイントは現金に換えることができ、劇中でもその現金を逃走資金に使ってほしいと、信男が麗に手渡している。

翻訳機

京都人の言った婉曲表現を本音に翻訳するガジェット。劇中では、これによって京都の女将の本音が丸わかりとなる。本編では使われなかったが、決定稿では「宇治抹茶は京都のもんどすけど、宇治は京都とちゃう」という、宇治から来た女に対する女将の本音も記されていた。

【マ～ラ行】

マイアミ浜

滋賀県野洲市琵琶湖にある砂浜。昭和25年ごろ、戦後の復興に必死になって働いている人々に安らぎと保養の場を提供したい、世界的リゾート地であるアメリカにあるマイアミビーチのような砂浜にしたい、というのが命名の由来。マイアミ浜オートキャンプ場やビワコマイアミランドなどのレジャー施設を有する。

みそピーナッツ

落花生の産地である千葉の郷土料理で、商品にならない落花生を食べるために、炒った落花生に味噌と砂糖を絡めて作ったのが始まりといわれている。ビールのおつまみやご飯、パンのおともにも最適とのこと。しかし劇中では神戸市長が、「なんでピーナツにおみそつける必要があるん?」と疑問を呈している。

洛中・洛外

洛中は京都御所を中心に、北は北大路、南は九条まで広がるエリア。かつて平安京があった碁盤の目のようなエリアで、京都の中心といえばいまも昔も変わらず洛中のことを指している。劇中では、洛外の人間が洛中の京都人から迫害されたりバカにされたりしている。

劇中に登場したマイアミ浜

劇中に登場した洛中

知れば『翔んで埼玉』がもっと楽しくなる!

埼玉県の地域性

大宮と浦和はなんであんなに仲が悪いの？　熊谷や行田って実際どんなところなの!?
映画に出てくる埼玉県内のカーストも、これを読めばすっきりわかります！

文／鼠入昌史

旧大宮市

日本有数の大ターミナル・大宮駅は新幹線も全列車が停車し、お客の数は上野をも上回る。つまり、大宮は埼玉県の中心である。ほかの都道府県の人たちも大宮の人たちもそう思っているだろう。鉄道が通った当初は駅すら置かれず浦和の後塵を拝したが、宇都宮方面と高崎方面の分岐点となって繁栄してきた鉄道の町。そういうと武骨な印象だが、いまは東口には高島屋、西口にはそごう、駅ビルはルミネという立派な商業都市になった。鉄道博物館は大宮を代表する観光施設で、氷川神社は初詣で200万人が参拝する関東きっての名社。どちらも浦和にはない。

旧浦和市

旧大宮市と旧浦和市の何が違うのか。レッズとアルディージャでどっちが強いのかなどと言い出すと泥沼だが、決定的なのは浦和に埼玉県の県庁があることだ。同じ宿場町仲間だった大宮からわずか8カ月で県庁を奪い、現在、さいたま市となった行政区分内で最初に駅ができたのも浦和だった。駅と県庁を中心に官公庁街や繁華街が形成され、浦和は名実ともに埼玉県の中心を担ってきた。いまもそれは変わらない。新幹線が浦和ではなく大宮に停車しても、「あっちはそういう役割で」と高みの見物。県庁所在地の町は、それくらいの余裕を見せたほうがカッコいい。

熊谷市

熊谷市は埼玉県北部、少し北に行けば利根川を挟んで群馬県に入るという、どちらかというと果てにある町である。ところが、知名度は高い。なぜかというと、暑いから。2018年に観測した最高気温41・1度はいまも日本最高記録（タイ）。市内にある八木橋百貨店前からのテレビ中継は、もはや真夏の風物詩になっている。もちろん暑いだけが熊谷ではなく、もともとは中山道の宿場町。その面影は駅近くの通り沿いにもちらほら残る。八木橋という地場百貨店があるのも宿場町以来の商都の名残。近年ではラグビーの町としても知られるようになった。

行田市

JR高崎線に行田駅があるが、市の中心に近いのは秩父鉄道の行田市駅。ローカル私鉄がターミナルという時点で、ちょっと地味な印象になってしまう。が、どんなところにも見どころはあるもので、行田は足袋の名産地。テレビドラマ「陸王」も行田が舞台になった。また、忍城は映画『のぼうの城』に登場。豊臣秀吉の水攻めに耐えきった伝説的な城である。多数の大型古墳が点在する埼玉古墳群も、名所のひとつ。といっても、行田市駅や行田駅周辺の市街地を除くと大半は田園地帯。それを活かした観光のウリが田んぼアートで、展望タワーも建っている。

朝霧市

東武東上線に乗って埼玉県内に入り、和光市を過ぎると朝霞市へ。東上線は朝霞台駅、武蔵野線は北朝霞駅で両路線の乗り換えターミナルになっている。これこそが朝霞市の高い知名度を支えているほぼ唯一の個性といっていい。ただし、荒川を渡った戸田市内に美女木ジャンクションがあるなど交通の便はよく、古くから工業地帯も形成されている。また、戦前には名門の東京ゴルフ倶楽部のコースがあった。その跡地がいまの陸上自衛隊朝霞駐屯地。自衛隊に所属するオリンピック選手などはここで練習を積む。ただし、駐屯地の最寄り駅は和光市駅である。

川口市

東京都心から京浜東北線に乗って北上すると、赤羽駅を過ぎて荒川を渡る。そうして最初の〝埼玉県〟が川口市。東京から川ひとつ隔てるだけの町であり、東京に通勤する人が暮らすベッドタウンだ。近年は〝住みたい街ランキング〟の上位常連で、人口もさいたま市に次いで埼玉県内第2位。古くは鋳物生産が盛んだったが、いまやすっかり住宅都市である。そんななか、西川口駅周辺をはじめとする猥雑なエリアも兼ね備えているのは玉にキズ。が、見方を変えれば個性にもなるわけで、硬軟取り混ぜた川口の存在感は浦和や大宮にも負けていない。

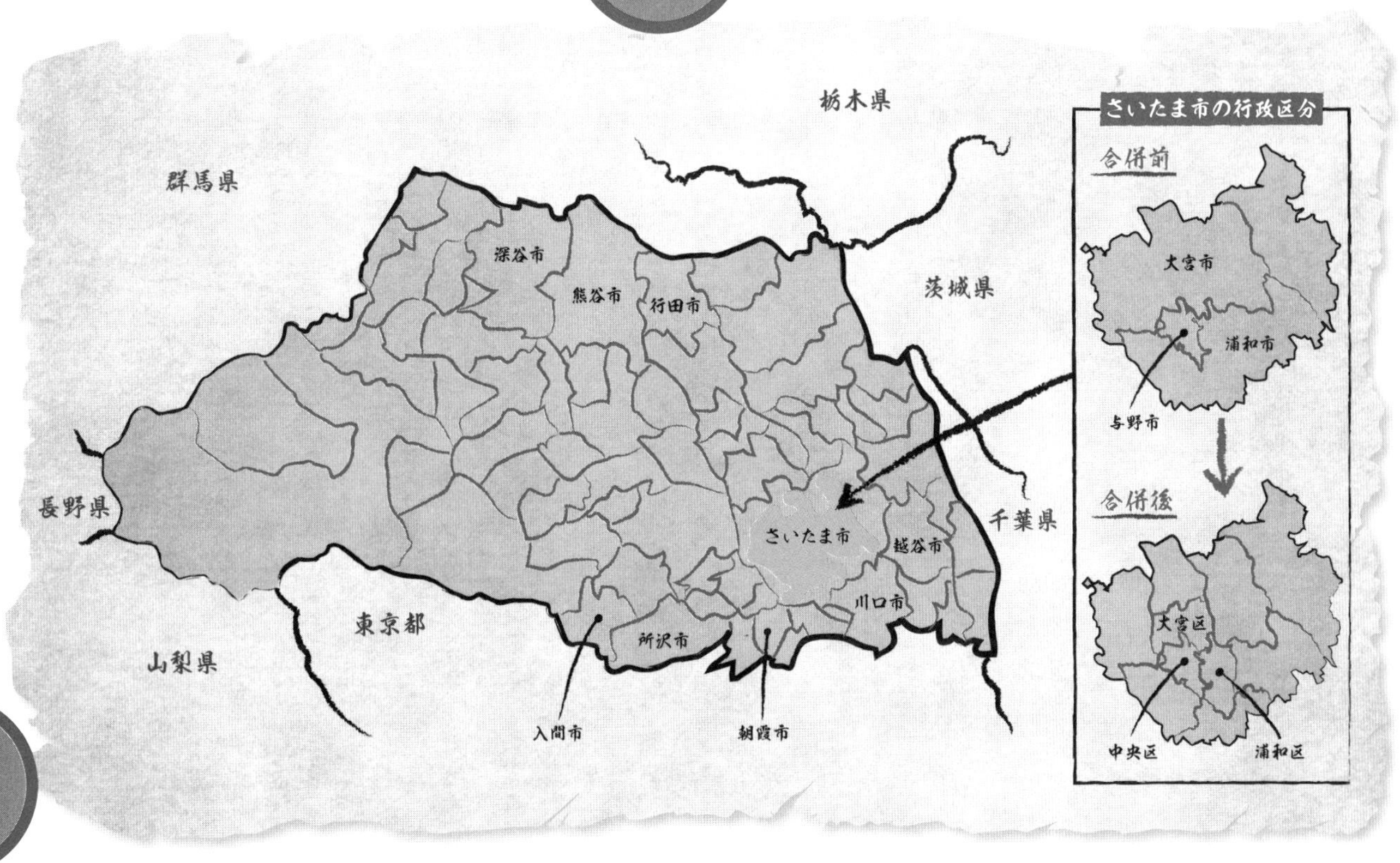

旧与野市

2001年に浦和市・大宮市が合併してさいたま市が誕生したが、そのときにひっそりと合併に加わっていたのが与野市である（岩槻市も遅れて合併に参加した）。大宮と浦和に挟まれて、京浜東北線の線路のおおよそ西側に広がっており、現在は旧市域全体がさいたま市中央区になった。ちょうど中央部を埼京線が通っている。浦和・大宮というビッグ2に挟まれて存在感は薄い。しかし、旧市域内にさいたまスーパーアリーナがあり、さいたま新都心もおおむね旧与野市。人口密度も浦和や大宮を上回り、両者のかすがいどころか隠れたさいたま市の〝核〟なのだ。

さいたま市

2001年に浦和・大宮・与野・岩槻の4市が合併、約130万人の人口を抱える埼玉県唯一の政令指定都市。県庁所在地の浦和、鉄道ターミナルの大宮、それに挟まれた住宅地の与野、旧宿場町の岩槻という個性を持つ都市を糾合したがゆえに、内部では熾烈なライバル意識があるとかないとか。浦和レッズ、大宮アルディージャと、Jリーグに2チームも持っているのもややこしいところだろうか。市外の人も、「道路の案内で『大宮』が『さいたま』になったのはちょっと違和感がある」など、完全な「さいたま市」定着にはいまだ至っていないのかも。

深谷市

深谷市があるのは埼玉県の北西部。熊谷がお隣ということからも、たぶん暑いのだと思う。ただ、深谷の名物は暑さではなくネギ、そして渋沢栄一だ。「深谷ネギ」のブランドで知られるネギは日本一の生産量を誇る。渋沢栄一は深谷の出身地で、大河ドラマ放映の際はそれなりに盛り上がったとか。そして、玄関口の深谷駅は人口14万都市にしては不釣り合いなほど立派なレンガ造り。これは、深谷で生産されたレンガが東京駅の丸の内駅舎で使われたことにちなむのだとか。なお、東京駅は本物のレンガだが、深谷駅ではレンガ風のタイルを貼っている。

越谷市

しらこばと水上公園にレイクタウン。海なし県としておなじみの埼玉県において越谷市ほど〝水辺〟に恵まれている町はない。かつて関東地方一帯に生息していたシラコバト、いまでは越谷市周辺に見られるのみにまで減ってしまったとか。2008年に開業した越谷レイクタウンは、日本一の規模を誇るショッピングモールである。もともとの越谷は奥州街道の宿場町で、伝統工芸はダルマや桐だんす。市域の大半が田園地帯だったが、いまはそれが住宅地に変わった。武蔵野線は南越谷駅、東武は新越谷駅。両者の交差地点は市内最大の繁華街になりつつある。

所沢市

松崎しげるが歌う応援歌がいまにも聴こえてきそうな埼玉西武ライオンズのお膝元、所沢。玄関口の所沢駅は西武池袋線と新宿線が交差するターミナルで、駅前のプロペ通り商店街を中心に繁華街が形成されている。この2路線のおかげで所沢民は池袋にも新宿にも1本で出られるという利便性を手にしており、埼玉プライドとともに強い東京志向も併せ持つ町だ。1911年に日本で初めての飛行場が開設されたことから航空発祥の地としても知られ、市内には航空公園が。著名な出身者は、オードリーの春日俊彰である。

入間市

ベルーナドームのライオンズ戦では茶娘姿で狭山茶を売る売り子さんを見かける。そう、ベルーナドームのある埼玉県南西部一帯は、狭山茶が特産だ。そして、入間市はその狭山茶の最大の生産地。江戸時代以来の伝統だという。中心は西武池袋線の入間駅で、市内には三井アウトレットパークもある。が、何よりのシンボルは西武線も敷地内を通る航空自衛隊入間基地。ブルーインパルスもやってくる秋の航空祭は毎年10万人を超える人が集まるビッグイベントだ。ライオンズの日本シリーズ進出と重なると、西武鉄道は全社員総出の忙しさなのだとか。

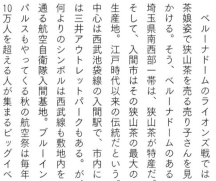

関西、いや近畿の人も、じゃない人も必読!

近畿の県民性

西

『翔んで埼玉 ～琵琶湖より愛をこめて～』の伝説パートの舞台となった関西地方。というわけで、埼玉の真実のあとは関西のリアル。劇中でも少し触れられていた三重県についても語ります。

文／鼠入昌史

大阪府

大阪パワーの源は東京への反骨心!?

町を歩いていると、ヒョウ柄の服を着たおばちゃんがやってきて「アメちゃんやで、いるか?」と話しかけてくる――。そんな、もうどう考えたってステレオタイプな大阪人のイメージ。だが、じつはこれ、あながち間違いでもない。というか、本当にそういうおばちゃんがいるのが大阪なのだ。

大阪府全体での人口は約880万人。そのうち約270万人を抱える大阪市は、いうまでもなく日本第二の都市である。キタとミナミというふたつの大繁華街を持ち、道頓堀のグリコサインと通天閣の新世界。

そんな大阪のアイデンティティは〝東京への反骨心〟。太閤豊臣秀吉の築いた大坂城を象徴として、江戸時代以来の江戸・東京へのライバル心を燃やしてきた。

だから、というわけでもないだろうが、食文化も東京とは一線を画す。たこ焼きやお好み焼きといった〝粉もん〟文化が花開き、串カツなどの庶民的なB級グルメは数知れず。

この庶民性が何よりの大阪の個性になっている。派手好きで人との距離が近く、よくしゃべる。東京人からすればあっけにとられるほどのパワーを持つ。ひとたびそのパワーが爆発すると、東京なんてひとたまりもない……のではないかと思う。

兵庫県

大阪の隣県なのに真逆の文化を持つ誇り高き県

じつは、兵庫県はめちゃめちゃ広い。大阪にほど近い尼崎や西宮、そして異国情緒でおなじみの神戸などはいかにも兵庫県らしい中心地。ほかにも瀬戸内海沿いには国宝・姫路城で知られる姫路などがある。ところが、そのあたりからずっと北に行って日本海側までが全部兵庫なのだ。

北側には城崎温泉という名所があり、日本海沿いの香住という町はカニが有名で、京阪神からもカニ食い客が盛んにやってくる。日本海と瀬戸内海の中間の山間部には〝日本のマチュピチュ〟竹田城跡などがある。

と、簡単には説明尽くせないほど広大な兵庫県なのだが、やはり中心になるのは神戸市だろう。

神戸は幕末に海外に向けて開かれた港町となり、外国人居留地が設けられて発展してきた。その痕跡は旧居留地や南京町などに残り、いまも神戸は日本有数の港町である。そういう歴史からか、下町感の強い大阪に対する意識はなかなかのもの。ただし、それを簡単には表に見せないあたり、プライドも高そうだ。

京都府

歴史と伝統によって培った品格で内と外を上手に使い分ける古都

京都は国内外を問わず多くの観光客がやってくる、日本最大の観光都市でもある。と、そんなことは当たり前として、人口に膾炙している京都のイメージは、「お高くとまって本音と建前の差が激しく、本心で何を思っているのかわからない」といったものだろう。さらには、京都人以外を見下しているとか、市内でも洛中と洛外で大きな格差があるとか、どちらかというとネガティブなイメージが先行している。

もちろん実際にそうした部分がないとは言わない。ヨソ者は簡単に〝京都の人〟にはなれないという、そうした風潮があるのは事実だ。

しかし、一方で京都は学生の街でもある。毎年全国各地から、たくさんの大学生が京都にやってくる。だから、そうした人たちを受け入れる度量はなかなか広い。観光客も学生も、気持ちよく過ごせるのが京都という町の一面なのだ。その裏には、彼らは〝お客さん〟という意識があるのかどうかはわからない。

滋賀県

琵琶湖のほかにもポテンシャルがある県

大阪・兵庫・京都の三府県に圧倒されて〝そのほか〟扱いされる地味な県、そのひとつが滋賀県だ。関西の水がめ・琵琶湖を抱えているから、「琵琶湖の水止めたろか」が滋賀県人の反撃の一撃。しかし、じつは琵琶湖を水源としているのは京都や大阪の一部だけで、水を止めても致命的なダメージは与えられないとか。

そんな琵琶湖ばかりが注目される

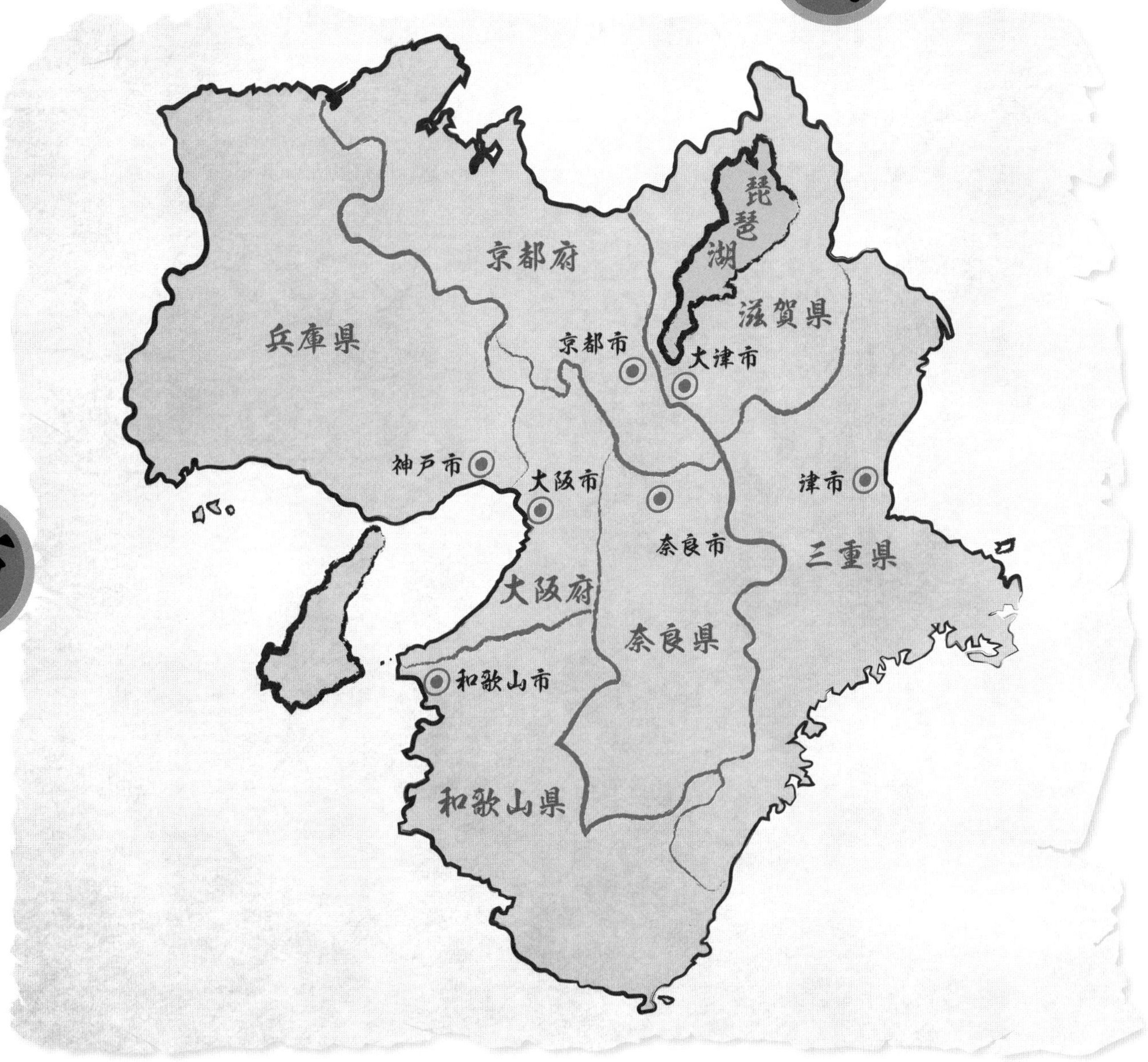

滋賀県だが、地場のスーパー・平和堂や長浜発祥のサラダパン、通学路に見られるとびだしとび太など、絶妙な独自文化も形成されている。このあたり、どことなく埼玉県によく似ているような……。近年は、新快速のおかげで人口が急増している都市が多いのも特徴である。

奈良県

平城京、大仏、古墳など京都よりも古い首都

京都と並ぶ、というよりは、京都よりも圧倒的な歴史を持つ古都・奈良。平城京は現在の奈良市内が中心だが、大和朝廷発祥の地はそれよりも南の飛鳥地方だ。邪馬台国が奈良にあったという説も根強い。あちこちに古刹が点在し、小高い山は全部古墳という、日本の歴史のあれこれが凝縮された地域なのである。

ただ、現実の奈良県は京都や大阪のベッドタウンと化している。さらに、奈良県は南北に細長く、都市が形成されている奈良盆地は北の端っこ。県域の大半は秘境レベルの山奥である。全国的に有名な奈良公園の鹿も、じつは奈良県全体から見ればほんの狭いエリアにいる「神様の使い」にすぎない。

和歌山県

関西有数のビーチ・白浜のほかパンダやしょうゆも有名

和歌山県は、奈良県と同じく南側は大半が山。山が海の近くにまでせり出しているところも多く、熊野古道に代表されるようになかば秘境になっている。だからどうしても京阪神からは見下されがちなのだが、それでいて関西人は、猫も杓子も白浜に行く。そして上野動物園のパンダ行列を見て、「アドベンチャーワールドに行けば飽きるほど見られるのに」と東京人をあざ笑うときだけ和歌山を関西の仲間に入れる。そんな都合のよさに翻弄されている和歌山だが、じつはしょうゆの発祥地。関西人が食べる魚もミカンも和歌山のおかげ。和歌山なくして関西なし、なのである。

三重県

近畿地方を構成する大事な地域

最後に、三重県についても触れておかねばならない。小学校の教科書などで習う〝近畿地方〟には、ちゃんと三重県も含まれる。ところが、実態としてはまったく近畿でも関西でもない。三重県の南部はほとんどが山。このあたりは奈良や和歌山との親和性が高い。しかし、津・四日市などがあり、人口の多い北部は名古屋との関係が密だ。おかげで、事実上、三重県は東海地方の仲間入り。タイガースファンよりドラゴンズファンが多く、テレビも名古屋のテレビ局の番組が映る。奈良と三重の間に横たわる鈴鹿山脈が、関西と東海を隔てる山になったのである。

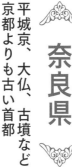

武蔵野線の真実がここに！

埼玉県の鉄道事情

伝説では夢の路線だった武蔵野線は、
現実でも夢を乗せている？
他路線も含め、埼玉県内の路線を徹底解説！

文／鼠入昌史

総論

埼玉県は、全都道府県のなかでもいちばん市の数が多いという。その数、じつに40。そして驚くべきことは、そのすべてに鉄道の駅があるということだ。どの鉄道路線も都心に向いていて横のつながりが弱いなどと言われるが、よくよく見ればさにあらず。武蔵野線や秩父鉄道などによって横の連絡も充実し、鉄道空白地帯をことごとく埋めている。これだけ鉄道が充実している県はほかにない。じつは埼玉県は、日本一の鉄道県なのである。

JR埼京線

荒川を挟んで東京に隣接しながらも、長く鉄道に恵まれていなかった戸田市内を通った初めての鉄道路線。赤羽から大宮まで一貫して東北新幹線と並んで走る。もとは新幹線建設に反対した沿線に対し“見返り”として建設したものだ。だから1985年の開業当初はそれほど期待もされていなかった。それが沿線人口の増加もあって気がつけば首都圏を代表する通勤路線に。それまでの西武・東武に加えて、大宮・浦和方面からも大挙して埼玉県民が池袋に押し寄せるようになったのは埼京線のおかげである。かつては痴漢多発路線などと言われたが、いまは文字どおりの“最強線”なのだ。

西武新宿線

新宿・歌舞伎町に隣接する西武新宿駅がターミナル。そこから発車して多摩地区を走ったのち、所沢から埼玉県へと入る。そして狭山市を経て本川越駅で終点となる。同じ西武鉄道の池袋線とは所沢駅で接続。ほかは本川越駅が東武・JRの川越駅と近いくらい。JR武蔵野線とも交差しているが、乗り換え駅は持たない。なので、埼玉県の路線のなかではちょっと地味。ただ、川越の蔵造りの町並みにいちばん近いのは新宿線の本川越駅だ。現在の中央線と川越の連絡を目的に開業しており、川越は大宮や浦和にも負けない大都市だったということを教えてくれる。

JR京浜東北線

細かい話をすれば、京浜東北線は東北本線（宇都宮線）のなかで各駅に停車する列車の運転系統のこと。大宮・浦和という二大ターミナルから埼玉県内では蕨、川口などを走る。荒川を渡って東京に入ると赤羽、王子。1932年に大宮までの電車運転が始まり、それに伴って京浜東北線の名が与えられた。つまり、埼玉から見れば都心に直結する初めての“電車”というわけだ。その圧倒的な存在感は100年近く経っても衰えることを知らず、埼玉と東京を結ぶ鉄道路線の代表格であり続けている。なお、車体にあるスカイブルーのラインカラーは、埼玉ではなく海のある横浜のイメージが由来である。

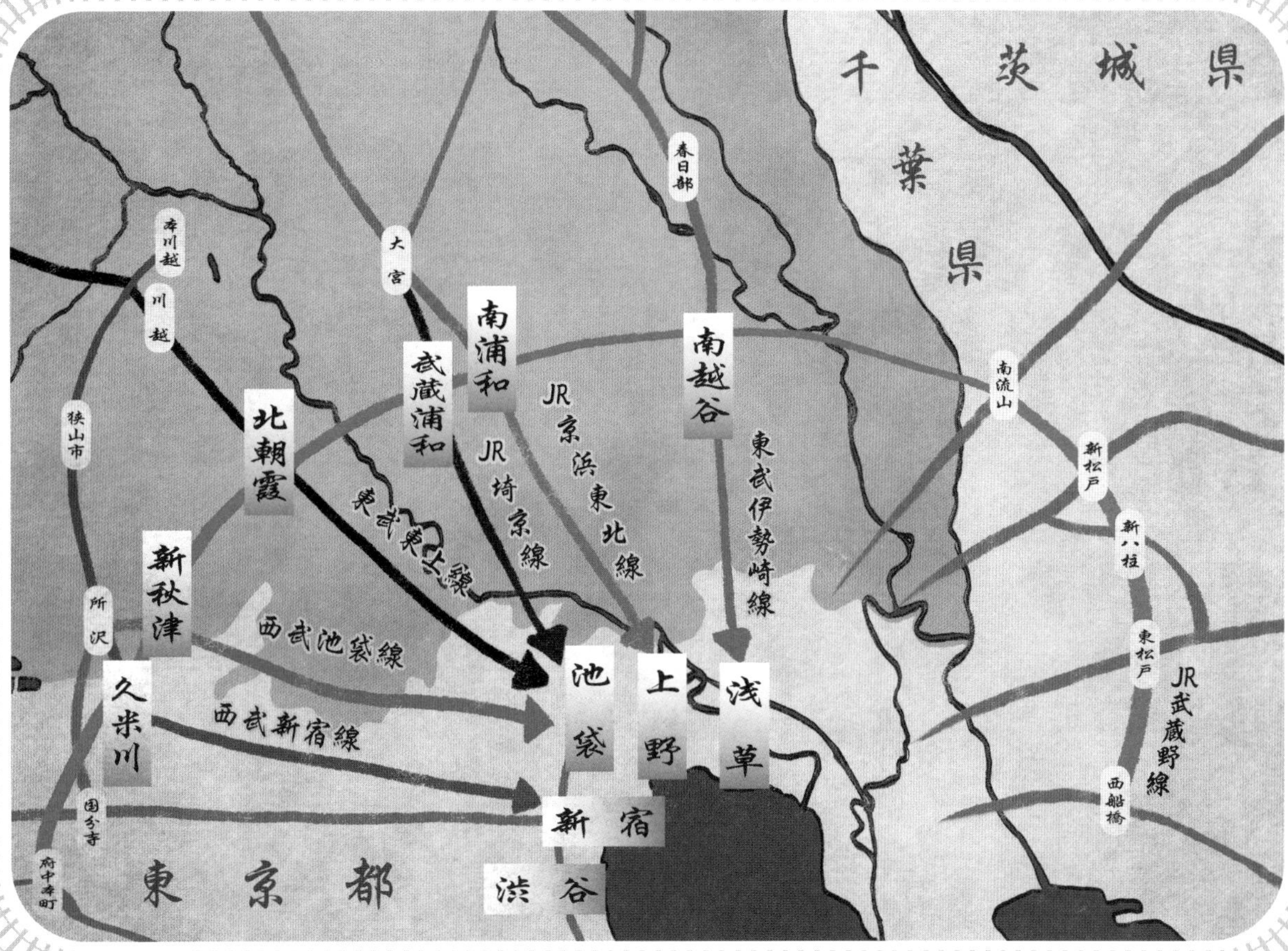

東武東上線

同じ東武鉄道の路線ながら、スカイツリーライン（伊勢崎線）とはまったく接続していない独立路線。西武池袋線と同じく池袋駅をターミナルに、板橋区内を抜けてから埼玉県に入る。

通っているのは和光・朝霞・志木・川越・坂戸・東松山などなど埼玉県中南部の町だ。朝霞台駅はJR武蔵野線との乗り換え駅。だいたいの役割は東京都心への通勤路線で、池袋に埼玉県民を送り込むこと。ただ、途中に川越という拠点都市を持っているから、川越への通勤通学客も少なくない。沿線には箱根駅伝常連大学が多いという知る人ぞ知る特徴も。

西武池袋線

西武といったら所沢、所沢といったら西武。そのイメージを決定づけた、池袋をターミナルにする私鉄路線だ。所沢駅までは東京都内を走り、所沢から先は入間や飯能、そして最後は秩父まで。池袋は埼玉県民だらけ……の原因を作っている路線のひとつである。が、実際のところは池袋線で池袋駅にやってくる人の大半は、練馬や保谷、ひばりヶ丘など東京都内に住んでいる人ではないかと思う。所沢のひとつ手前、秋津駅はJR武蔵野線との乗り換え駅。だが、改札を出て少し町中を歩かねば乗り換えられず、その道がまたわかりにくい。これ、なんとかなりませんかね……。

JR武蔵野線

埼玉県の、いや東京の多摩地区や千葉県西部も含めた広いエリアの鉄道ネットワークを支える根幹は、武蔵野線といっても過言ではない。東京都心から郊外へ延びることばかりを考えて作られた路線の数々を、郊外において相互に連絡する武蔵野線。都心にしか目が向かない人には無用の長物かもしれないが、それはあまりに損をしている。他路線との接続はどれも地味な駅ばかりだし、武蔵野線沿線も開業時点ではほぼ田園地帯。それがゆえ、開業以来、沿線の飛躍的な開発を促して埼玉県の地位を高めたのである。だから東武も西武も埼京線も、武蔵野線に足を向けて寝られないのだ。

東武スカイツリーライン

正式名称は「伊勢崎線」。東京スカイツリーの麓から北上してくるからスカイツリーラインの愛称を持つ。北千住から荒川を渡って足立区内を抜けると埼玉県に入る。JR武蔵野線と交差する新越谷駅は、北千住駅と並んで乗降客数の多いターミナルだ。そして『クレヨンしんちゃん』の町として定着した春日部へ。東武動物公園駅からさらに久喜や羽生などを通って北関東に入る。スカイツリーラインという名から抱く印象とは裏腹に、やっぱり沿線の雰囲気は“伊勢崎線”の名のとおり北関東イズムがどことなく……。ちなみに、北千住～北越谷間は、私鉄では日本一長い複々線区間である。

映画舞台の元ネタはここ!?

ぶらり関西リアル探訪

映画では極彩色のワンダーランドとして
描かれた関西ですが、リアルでは？
編集部が肌で感じた関西をレポートします。

取材・文／山本俊輔

大阪編

道頓堀

戎橋から見えるグリコの巨大看板は、正式名称を「道頓堀グリコサイン」という。初代の広告塔は昭和10年に設置され、現在のもので6代目を数える。まさにランドマークと呼べる存在となった。

大阪を代表する繁華街

「食いだおれの街」として知られる大阪ミナミの道頓堀界隈は、関西地方最大級の繁華街。道頓堀川の流れに沿って数々の商店や飲食店が居並び、その上にかかる戎橋は道頓堀のメインストリートを担う一部となっている。阪神タイガースが優勝するとこの橋から川にダイブするという迷惑行為が過去にはあったが、阪神がリーグ優勝を決めた翌日の昼に取材したところ、すっかり通常モードになっていた。

「なんばグランド花月」、通称「NGK」。関西の笑いの殿堂といえばここ。吉本興業が運営する劇場で、「乳首ドリル」で有名な吉本新喜劇は、現在ここで見ることができる。

「くいだおれ太郎」も大阪アイコンのひとつ。昭和25年に、道頓堀の飲食店「大阪名物くいだおれ」の看板人形としてデビューした。現在は平成21年にオープンした「中座くいだおれビル」の前で元気にお客さんを出迎えている。

西 通天閣

劇中の新世界に負けず劣らず、実際の新世界も色とりどりのビジュアルで楽しませてくれる。

通天閣内部には、いたるところにアメリカ生まれ・大阪育ちの神様「ビリケンさん」の像がある。足の裏をなでると願いが叶う。これは阪神優勝記念バージョンのビリケンさん。

大阪最強の庶民ゾーン

道頓堀と並ぶ大阪の象徴といえば、なんといっても通天閣。通天閣を有する飲食店界隈は「新世界」と呼ばれ、大阪のなかでもっとも庶民度数の高い地域となっている。

昭和から平成初期にかけての新世界は、お隣の西成、釜ヶ崎、飛田新地といったディープスポットの影響も感じられたが、地元商店会のみなさんのがんばりによって、いまや外国人旅行者や若者たちが安全に観光できる一大レジャースポットに生まれ変わった。

4階は光の展望台(高さ84m)、5階はビリケンさんの神殿がある黄金の展望台(高さ87.5m)。料金は大人900円で、どちらからも大阪の街を一望できる。

展望台の料金に300円を追加すると特別野外展望台「天望パラダイス」に上がることができる。屋外の吹きさらしで、けっこうなスリルが味わえる。

おっと、滋賀県の交通安全シンボル、とびだしとび太をジャンジャン横丁で発見。ここでは注意喚起ではなく、遊技場への案内をしていました。

新世界の玄関口にあるジャンジャン横丁は、昭和レトロな商店街。串カツ、寿司といったグルメや、射的や将棋囲碁会所などの遊技場が軒を連ねる。

西

滋賀編

琵《び》琶《わ》湖《こ》

海のような広さを誇る琵琶湖とはいえ、実際に湖畔を訪れると海の砂浜とは違うことがすぐわかる。砂に混じって土が目立っているからだ。水は淡水で、土のせいかやや濁っているようであった。

海と間違える規模の大きさ！

滋賀県のほぼ中心に位置し、約1／6の面積を占める琵琶湖は、劇中でも重要な役割を果たした場所だ。取材者は東京出身で今回が滋賀県初探訪であるため、気合いを入れ訪れた。しかし、湖のデカさはその想像をはるかに超えていた。車で移動したとしても1日で回りきれないことが早々にわかったときは、大きな挫折感を味わった。湖内には島（竹生島）も浮かび、その広さは湖ではなくまさに海のレベルだった。

大津駅から車で5分ほど走ったところに、遊覧船乗り場がある。いちばん人気のある船は「ミシガン」。「竹生島クルーズ」「ウェディングクルーズ」など、複数の周遊メニューがある。

大津市と守山市にかけてまたがる琵琶湖大橋は、昭和39年に開通した。渡るためには通行料が必要で、普通乗用車で150円、大型車で200～500円、原付で10円となっている。取材者が乗ったタクシーの運転手さんは、有料であることにかなり不満の様子だった。

西

瀬《せ》田《た》川《がわ》洗《あらい》堰《ぜき》

湖の水量を調節する堰

劇中では、麗の発案でここを舞台に大胆不敵な作戦が決行される。また、嘉祥寺率いる大阪軍と滋賀解放戦線の決戦シーンにも登場した。

劇中のクライマックスで、滋賀、奈良、和歌山の各解放戦線が大阪への逆襲に転じる重要な舞台として登場するのが、この瀬田川洗堰だ。大雨で琵琶湖の水の量が多いときにはたくさんの水を流し、少雨で水の量が少なくなると無駄水を流さないように調整するのが役割。琵琶湖の水の出口である瀬田川の流量をコントロールすることで、琵琶湖の水位と下流の水の量を調節している。

車で琵琶湖畔を南下すると、広大だった琵琶湖の幅が狭まり瀬田川に入る。さらに川沿いに30分ほど車を走らせると、京都府に近い地点にこの堰がかかっている。

観光名所でもないので地元の人でないと知らない場所ではあるが、風景写真を趣味にする人たちなどには人気のスポットのようだ。

西

マイアミ浜

マイアミといえばここでしょ!

劇中では、麗が夢の中で「琵琶湖周航の歌」を子守唄として歌ってもらう回想シーンにて「マイアミビーチ」として登場する。

琵琶湖畔にあるこの砂浜は、アメリカ・フロリダ州のマイアミビーチのようにしたいという想いから「マイアミ浜」と名づけられた。取材したのは9月中旬の暑い日だったが泳ぐ人の姿はなく、平日のせいかバーベキューを楽しむグループがひと組のみで閑散としていた。本物のマイアミビーチに行かなくても、この〝浜〟は見ただけで本場とは違うのがわかる。やはり湖畔なのだ。植えられたヤシの木も寂し気だったのが、なんとも印象的であった。

マイアミ浜は、「マイアミ浜オートキャンプ場」と「ビワコマイアミランド」(湖水浴場、テニスコートなど)のふたつから成る。

京都編

西

洛中《らくちゅう》

歴史を感じる中心地

洛中は、京都御所を中心に御土居《おどい》（秀吉が造った土塁）の内部区域を指す。なかでも中心地といっていい祇園《ぎおん》の町は、歴史を感じさせる木造建築（京町屋などのお屋敷）やおしゃれなバー、カフェが路地裏にひしめき合っており、一大観光名所となっている。

鴨川は、京都市内の南北を流れる約23kmの河川。悠久の歴史のなかで千年の都と京文化を育んできた川で、京都市民に愛されている。

劇中では、洛外からやってきたカップルが洛中にある小料理屋の女将に、京都特有の言い回しでさんざんこき下ろされる。

洛外《らくがい》

羅生門《らしょうもん》が境界線

芥川龍之介の小説や黒澤明の映画で有名な羅生門（羅城門）。かつてはこの門が、洛中と洛外の境界線となっていた。当時の洛外は「中心地でない」という意味があったが、現代でそれを意識している人はほとんどいない。洛外だが人気のスポットはいくつもある。

南区唐橋羅城門町の花園児童公園内に、羅城門遺址の石碑が建てられている。京都駅から車で15分ほど。

石碑周辺の様子。統一的な景観を維持してさまざまな店で賑わう祇園とは違い、いわゆる普通のベッドタウンといった風景が広がる。

西

西

和歌山編

白浜

関西屈指の海水浴場

「南紀白浜」こと白良浜海水浴場。JR白浜駅から車で10分ほど行くと、そこには楽園があった！　真っ白い砂と青く澄み切った海は、沖縄にもひけをとらない。取材したのは9月中旬で猛暑に近い気温のせいか、ビーチでは多くの人たちが楽しんでいた。

劇中では、麗が最初に関西上陸を果たす場所として登場。わかりやすい「WHITE BEACH」という看板は、実際には立っていない。劇中の大阪人が独占したくなるのもわかるステキなビーチだった。

西

番外編　埼玉編

しらこばと水上公園

埼玉が誇る県営レジャー施設

しらこばと水上公園は、さいたま水上公園に次ぐ第二の大型レジャープール公園として、昭和54年に越谷市の田園地帯の真ん中にオープンした。公園の総面積は31・1㏊で、9種類のプールを楽しむことができる。公園の名前は、付近に生息する県の鳥「シラコバト」にちなんで命名された。

取材に訪れた9月下旬はすでに夏の開園期間が終了していたため、ひっそりとしていた。

海なし県である埼玉に、海を作ろうとする麗と百美。はたして……？

滋賀が誇る交通安全キャラクター

とびだしとび太の真実に迫る！

劇中、何度も登場するかわいい少年の不思議な標識。滋賀県では愛されているが他県ではあまりなじみのないこの看板の謎を追って、東近江市役所に突撃取材しました！

取材／奥津英敏　文／山本俊輔

とび太くんはこうして生まれた

　とびだしとび太が誕生したのは、いまから50年前の昭和48年。当時、高度経済成長期にあった日本では車の交通量が急激に増え、子どもの飛び出し事故も多発していた。そこで滋賀県八日市市（現・東近江市）の社会福祉協議会が中心となり、子どもの飛び出し事故を未然に防ぐ啓発活動を展開するという計画が持ち上がる。計画の一環として看板を作ることになった社協は、旧八日市市で看板製作業を営む久田《ひさだ》工芸の代表・久田泰平《やすへい》さんに相談し、久田さんはかわいい坊やが飛び出す様子をかたどった看板を製作。そしてその看板は、当時社協があった場所の道路沿いに設置された。これが、とびだしとび太の記念すべき第1号となる。

「当時は車に向けての注意看板がほとんどなく、子どもたちに向けて『ここは車が通るから、注意しなさいね』といったものばかりだったんですけど、それまでと逆にドライバーの方も注意するような看板を作ったという点がとても新しかったようです。注意喚起の意識がドライバー側へと切り替わったのは、このとびだしとび太がきっかけじゃないかと社協さんはおっしゃっていました」（東近江市観光協会の川元さん）。

　とびだしとび太のデザインは、誕生後も変化している。

「当時の写真（93ページ上段右）を見ると違う顔で、徐々に変更していまの顔になったと聞いています。当初は女の子バージョンも含め何種類か別のデザインもあったようですが、最終的に残ったのがこのデザインでした」（東近江市役所観光物産課の山田さん）。

愛される理由

　そしてとび太くんは、年を経るごと滋賀県内にある多くの通学路に設置されていった。

「滋賀県で育つと、あちこちにとび太くんの看板があるのは普通なんです。他県に引っ越して初めて、とび太くんって滋賀県だけなんだということを知るっていう感じで。そのため、滋賀へ里帰りしたときにとび太くんの看板を個人的に注文して、いま住んでいるところに持って帰る方がいるというお話もよく聞きます」（川元さん）。

　これほどまで滋賀県民から愛される理由には、とび太くんのデザインにも秘密があるようだ。

「とび太くんのデザインの縦横比が〝白銀比〟という非常にバランスのいい比率になっているところも、みんなから愛される理由なのかもしれません」（川元さん）。

　とび太くんの看板素材は木製で、切り抜きや色塗りなどすべて久田さんの手作業で作られている。いまだ素材を変えることはなく、老朽化したとび太くんの看板は地域のPTAなどが修繕をして使い続けるなど、草の根レベルで保全活動が展開されているとのこと。

「社協さんでも募金の窓口を開設されていて、集まった募金で新しいとび太くんを作り、それがまた地域に設置されるという流れになっています」（川元さん）。

　誕生から30年以上を経た平成20年ごろから、とび太は新しい展開を迎えた。東近江市に拠点を置くグッズ製作会社が、クリアファイル、ステッカー、エコバッグといったとび太くんのキャラクターグッズを販売するようになったのだ。また、平成22年にはとび太の着ぐるみが製作され、滋賀県内での人気の勢いを駆って「ゆるキャラグランプリ」にも参加した。ちなみにとび太くんは、ゆるキャラブームの仕掛け人であるみうらじゅんさんとは何かとご縁があるとか。

「昭和51年ごろ、みうらさんが琵琶

50年前の初代とびだしとび太

©東近江市社会福祉協議会

©東近江市社会福祉協議会

劇中でのとびだしとび太

湖畔をドライブ中にとび太くんを見かけて『なんだあれは？』と注目されたと。その際に『飛び出し坊や』と名づけられたと聞いています。久田工芸さんが作っている飛び出し坊やが元祖ということで『0《ゼロ》系』と命名していただきました」（川元さん）。

映画出演でブレイクなるか？

もともとは交通安全の看板として作られたとび太くんだが、滋賀県民への人気が浸透するにつれてお店のランドマークとして店頭を飾るようにもなった。

「久田工芸さんはいまでも依頼があれば製作されており、いろいろなものがあります。東近江市で有名な洋菓子店では、シェフ姿のとび太くんがお店の前に設置されています。ほかにも新聞販売所さんでは新聞の束を、おそば屋さんではおそばを持ったとび太くんが飾られています。新聞もおそばも久田さんご自身が並々ならぬこだわりを持って製作されており、その描写がとてもリアルだと評判です」（川元さん）。

近年では他県への設置はもちろん、海外にもとび太を広める運動が展開されているとのことで、現実の世界では全国、いや全世界滋賀化計画が進んでいるようだ。

今回の映画登場について、山田さんは取材した9月時点では作品公開前なので未見なものの、劇中での活躍に胸を膨らませている。

「私たち地元の人間からしたら子どものころから見なれたとび太くんが、今回、滋賀県を救うヒーローになるということで、発祥の地である東近江市民としてはとても誇らしい気持ちです」

なお、川元さんは、とび太の活躍を喜びつつも複雑な心境を吐露。

「初めて聞いたときはすごくうれしかったのですが、同時にそこまで脚光を浴びる知名度の高いキャラクターになったということで、身近だったとび太くんが遠い存在になってしまったなと。私たちの手を離れ、ずいぶん大きくなっちゃったなと、ちょっと寂しい思いもあります（笑）」

本作のパート1は大ヒットを記録し、埼玉県の注目度が一気に上がった。今回のパート2でも、滋賀県およびとび太くんのブレイクが現実のものとなるかもしれない。

「映画の公開をきっかけにとび太くんファンがさらに増えて、とび太くんだけでなく、発祥の地である滋賀県東近江市の魅力も全国のみなさんに知っていただければうれしいなと思います」（山田さん）。

「飛び出し坊やと歩んだ50年」HPはこちら　https://tobidashibouya.com/

映画『翔んで埼玉 ～琵琶湖より愛をこめて～』 キャスト・スタッフ

GACKT

二階堂ふみ

杏

加藤諒
益若つばさ
堀田真由
くっきー！（野性爆弾）
高橋メアリージュン

和久井映見

アキラ 100％
朝日奈央

天童よしみ
山村紅葉
モモコ（ハイヒール）
川﨑麻世

藤原紀香

片岡愛之助

監督：武内英樹
原作：魔夜峰央「このマンガがすごい！comics 翔んで埼玉」（宝島社）
脚本：徳永友一
音楽：Face 2 fAKE
主題歌：はなわ「ニュー咲きほこれ埼玉」（ビクターエンタテインメント）
製作：大多 亮 吉村文雄 川原泰博
プロデューサー：若松央樹 古郡真也
撮影：谷川創平
照明：李家俊理
録音：金杉貴史
編集：河村信二
美術：棈木陽次
美術プロデューサー：三竹寛典
アートコーディネーター：森田誠之
装飾：竹原丈二
人物デザイン監修/衣裳デザイン：柘植伊佐夫
衣裳：大友洸介
ヘアメイク：塚原ひろの タナベコウタ（GACKT）千葉友子（二階堂ふみ）
VFX スーパーバイザー：長崎 悠
VFX プロデューサー：赤羽智史
ミュージックエディター：小西善行
スーパーヴァイジングサウンドエディター：伊東 晃
記録：赤星元子 松村陽子
スケジュール：尾﨑隼樹
監督補：楢木野 礼
制作担当：武田旭弘 辻 智
アソシエイトプロデューサー：加藤達也
ラインプロデューサー：齋藤健志
製作：フジテレビジョン 東映 テレビ埼玉
制作プロダクション：FILM
配給：東映

映画『翔んで埼玉』シリーズ
原作本&関連書籍　好評発売中!

埼玉と関西のみなさま、小説までつくってゴメンなさい

映画『翔んで埼玉』シリーズのノベライズ版!

小説
翔んで埼玉
～琵琶湖より愛をこめて～
原作 魔夜峰央　脚本・著 徳永友一

11月22日発売!

小説
翔んで埼玉
原作 魔夜峰央　脚本・著 徳永友一

発売中!

すべてはここから始まった――

映画『翔んで埼玉』の原作コミック!

このマンガがすごい! comics
翔んで埼玉
魔夜峰央

累計76万部突破!

発売中!

STAFF

編集
宇城卓秀、山本花梨(宝島社)
天野由衣子(コサエルワーク)
奥津英敏(ヴァーンフリート)

執筆
須永貴子
熊谷真由子
春錵かつら
山本俊輔
大村茉穂
鼠入昌史

カバー＆本文デザイン
小林博明(Kプラスアートワークス)
小林聡美(Kプラスアートワークス)
川又紀子(Kプラスアートワークス)

映画
『翔んで埼玉 〜琵琶湖より愛をこめて〜』
公式ガイドブック

2023年11月18日　第1刷発行

著　者　映画「翔んで埼玉」製作委員会
　　　　魔夜峰央

発行人　蓮見清一

発行所　株式会社宝島社
〒102-8388
東京都千代田区一番町25番地
電話　営業03-3234-4621
編集03-3239-0599
https://tkj.jp

印刷・製本　日経印刷株式会社

Printed in Japan
ISBN978-4-299-04830-1